Sécurité climatique et justice climatique

EcoPolis

Dirigée par Xavier Arnauld de Sartre, Olivier Petit

VOL. 43

Tor A. Benjaminsen

Sécurité climatique et justice climatique

Reconnaissance du contexte sahélien

Traduit par Yves Boutroue

PETER LANG
Bruxelles · Berlin · Chennai · Lausanne · New York · Oxford

Informations bibliographiques publiées par la Deutsche Nationalbibliothek
La Deutsche Nationalbibliothek répertorie cette publication dans la Deutsche Nationalbibliografie ; des données bibliographiques détaillées sont disponibles en ligne à l'adresse suivante : http://dnb.d-nb.de.

Image de couverture : Tor A. Benjaminsen

Publication originale : Tor A. Benjaminsen, *Climate Security and Climate Justice. Recognizing Context in the Sahel.*
Edward Elgar Publishing Limited, 2024. © Tor A. Benjaminsen

ISSN 1377-7238
ISBN 978-3-0343-5539-1 (Print)
ISBN 978-3-0343-5543-8 (E-PDF)
ISBN 978-3-0343-5544-5 (E-PUB)
DOI 10.3726/b22761
Dépôt légal D/2025/5678/07

Publié par P.I.E. PETER LANG s.a., P.I.E., Bruxelles, Belgique

info@peterlang.com

Cette publication a été évaluée par des pairs.

www.peterlang.com

Représenté dans l'UE concernant le Règlement relative à la sécurité générale des produits (RSGP) : gpsr@peterlang.com

Sommaire

Préface

Ma première visite au Mali a eu lieu durant la saison sèche et chaude de 1987. Ce premier travail de terrain et également première visite en Afrique subsaharienne avait pour objet un recueil de données pour mon projet de recherche sur l'écologie du paysage et la géographie des ressources dans le cadre de mon DEA à l'Université d'Oslo.

Ce travail de terrain intervenait juste après la grande sécheresse de 1984-1985 au Sahel et toute l'attention qui l'avait suivie dans les grands médias. Cette époque vit aussi naître un nouveau concept – « développement durable » – qui représentait un intérêt renouvelé pour l'environnement au beau milieu d'une ère néolibérale. La réponse aux problèmes environnementaux mondiaux semblait être toujours plus de croissance économique dans les pays pauvres, mais aussi dans les pays riches – paradigme dominant jusqu'à nos jours, mais plus récemment sous l'étiquette de « croissance verte » ou d'« écomodernisme », dans un contexte de passage à des sociétés bas carbone.

Le présent ouvrage s'appuie sur 37 années de visites récurrentes de recherche au Mali et trace des lignes et connexions entre les différents thèmes sur lesquels j'ai travaillé pendant des années – désertification, pastoralisme, conflits fonciers, Touaregs et rébellions djihadistes. Un des principaux objets de ces travaux a été de discuter l'historique de la crise sahélienne actuelle. À mon avis, pour comprendre cette crise, il faut une approche de type écologie politique qui combine les perspectives historiques et matérialistes en mettant l'accent sur le contexte en termes de motivations et modes d'organisation des populations. Je pense également que « le développement durable » constitue la toile de fond des rébellions djihadistes au Sahel.

Examinant les causes passées de la crise actuelle, l'ouvrage envisage en même temps l'avenir et discute les risques potentiels associés aux débats actuels sur la sécurité climatique et la justice climatique. Ces deux approches tendent à négliger le contexte politico-écologique du Sahel. Alors que non-reconnaissance et analyses imparfaites guident les interventions politiques, il existe un risque évident d'effets indésirables. La désertification réémerge en tant que thème politique clé et la lutte contre ce problème imaginaire devient une part essentielle des actions environnementales au Sahel – en particulier sous forme de projets de boisement.

La boucle est alors bouclée, car l'atténuation des problèmes climatiques par le boisement peut non seulement mener à l'échec des projets climatiques, mais aussi renforcer la résistance des pasteurs dépossédés de leurs pâturages, ce qui peut potentiellement exacerber les conflits.

Dans les années 1980 et 1990, l'attention des politiques comme des médias portait sur la manière de stopper la désertification. Les paysans et les pasteurs étaient considérés aussi bien comme des victimes que comme des coupables. On pensait qu'ils outrepassaient leur propre base de ressources en raison d'une surpopulation et d'un manque de savoir sur les écosystèmes fragiles. Les héros étaient des experts étrangers (c'est-à-dire occidentaux) qui apportaient leurs conseils sur les questions de gestion durable (menant souvent à davantage de conflits et de confusion) et de réformes forestières (promouvant la privatisation des droits de récolte et de vente du bois, souvent au bénéfice des élites locales en contact avec le Service des eaux et forêts). Pour satisfaire les bailleurs de fonds internationaux, les gouvernements sahéliens formulèrent une législation « respectueuse de l'environnement », entraînant une augmentation des amendes pour écobuage, pour ne pas être en possession de fourneaux économes en bois ou pour avoir récolté du bois mort. Le résultat était un impôt supplémentaire pour la paysannerie qui enrichissait l'élite urbaine.

De plus, en vue de moderniser l'agriculture, des investissements à grande et moyenne échelle continuaient de déposséder paysans et pasteurs. De tels investissements étaient soit lancés par la Banque Mondiale ou autres bailleurs internationaux, soit émergeaient de processus politiques internes dans le cadre desquels politiciens et hauts fonctionnaires parvenaient à s'emparer de terres usuellement de jouissance précaire. En d'autres termes, alors que le battage autour du développement durable menait à toujours plus de restrictions et impôts pesant sur les populations rurales, et notamment des dépossessions de terres et de ressources, il profitait aux élites politiques et administratives par le biais d'un accaparement de profit. Au fil du temps, cela résulta en une généralisation de la frustration et de la colère dans les zones rurales de tout le Sahel – ou « doléances » dans le vocabulaire des études sur la paix et les conflits. Alors que le « développement durable » constituait une toile de fond aux rébellions djihadistes, d'autres facteurs qui ont pu jouer sont les processus manqués de démocratisation dans les pays sahéliens depuis le fameux discours du président Mitterrand aux présidents francophones africains à La Baule en 1990[1] ainsi que la croissance du mouvement djihadiste mondial depuis le 11 septembre 2001, suivi des invasions de l'Irak et de l'Afghanistan, ainsi que les bombardements de la Libye par les forces de l'OTAN.

Aujourd'hui, la désertification est pensée comme le résultat principal du dérèglement climatique, menant à des conditions plus sèches, et le boisement est de nouveau envisagé comme la solution pour enrayer ce processus. De plus, il est devenu une des mesures sur lesquelles on compte le plus pour atténuer le dérèglement climatique en général. Les scénarios du GIEC* comportent d'immenses aires géographiques nécessitant d'être boisées en vue de maintenir l'augmentation des températures mondiales entre 1,5° et 2°. La plupart de ces aires se trouvent en Afrique et, s'ils sont mis en œuvre, de tels projets de boisement à grande échelle risquent d'être néfastes pour les moyens de subsistance des populations et de multiplier les conflits fonciers. Cependant, parmi les gouvernements occidentaux, le boisement à grande échelle en Afrique est devenu une mesure climatique d'atténuation très prisée, ce qui leur permet d'alléger les pressions qu'ils subissent pour mettre en œuvre chez eux des mesures climatiques impopulaires. L'idée est qu'en plantant des arbres en Afrique, le mode de vie des Européens et Étatsuniens peut être maintenu.

De plus, il est souvent suggéré que le dérèglement climatique joue un rôle majeur dans les conflits au Sahel, en tant que moteurs ou amplificateurs de menaces – une opinion que j'interroge dans cet ouvrage. Il ne s'agit pas de dénier le dérèglement climatique, réel et extrêmement sérieux, qui affecte le Sahel en augmentant les températures et provoquant une plus grande irrégularité des précipitations. Cela devient un problème sensible pour les paysans en particulier, car il peut s'avérer de plus en plus difficile de savoir quand semer. Mais ce dérèglement climatique mène aussi à une augmentation des précipitations annuelles au Sahel et très probablement pas à la sécheresse, contrairement aux nombreuses affirmations sur la désertification et la rareté croissante des ressources.

Je pense que pointer le dérèglement climatique comme une cause de la crise sahélienne est ahistorique et apolitique, car c'est négliger les contextes historiques et politiques souvent complexes des divers conflits. Une telle opinion détourne tout simplement l'attention de facteurs politico-économico-historiques importants. De plus, cette vision ignore la recherche exploratoire en écologie et science du climat. Une grande partie de l'attention des médias, des documents politiques comme certaines contributions de recherche à cette vision courante en matière de sécurité climatique tendent vers des tropes eurocentristes et colonialistes au sujet des Africains désorganisés. Ces derniers sont considérés comme se contentant de réagir à des stimuli extérieurs comme des températures en hausse ou un changement dans les modèles de précipitations. Le grand historien marxiste E.P. Thompson considère de telles analyses hors contexte comme réductionnistes et paternalistes (voir le chapitre 3).

Prendre le contexte au sérieux n'implique pas seulement une reconnaissance de l'histoire sahélienne et l'organisation des populations, mais cela signifie aussi de prendre au sérieux les résultats de la recherche en écologie et science du climat. Ce n'est pas toujours le cas des contributions à la sécurité climatique et à la justice climatique au Sahel.

Quand je suis arrivé au Mali en 1987, je croyais également que la désertification provoquée par la surexploitation locale était un sérieux problème dans la région et l'objectif de mon étude était d'enquêter sur ses causes. Cependant, durant mon travail de terrain dans la région du Gourma, au nord du Mali, j'observai de vastes zones recouvertes d'arbres morts après la sécheresse trois ans plus tôt. Il y avait eu, en d'autres termes, une déforestation et une désertification (temporaire) massives, mais les forêts mortes étaient éloignées de tout village, ce qui indiquait que la cause n'en était pas une surcoupe de bois par les humains. Les arbres étaient simplement morts de sécheresse.

Bien que le niveau de précipitations soit resté plus bas que la moyenne pendant une décennie après la sécheresse, le rétablissement des populations de plantes ligneuses avait déjà démarré en 1985, ce qui confirme la résilience de la végétation au Sahel[2]. Aujourd'hui, la densité en arbres dans le Gourma est bien plus élevée qu'elle ne l'était en 1987 et le couvert herbacé est plus abondant, quoique variable en fonction des précipitations annuelles.

Durant ce premier séjour de recherche au Mali, j'ai eu la chance de passer quelques semaines sur le terrain avec Pierre Hiernaux, qui travaillait à cette époque comme écologue au Centre International pour l'Élevage en Afrique (CIPEA). Grâce à cette première visite de terrain et à celles qui suivirent, il m'a patiemment introduit à certaines des caractéristiques essentielles de l'écologie sahélienne, comme l'instabilité et la résilience.

Pierre était en possession d'une extraordinaire série chronologique de données, notamment des photographies prises lors de la saison des pluies au début des années 1980 et couvrant plusieurs décennies, qui illustraient aussi bien l'instabilité et les fluctuations que le reverdissement sur le long terme. Ses analyses écologiques sophistiquées, combinées à des données empiriques détaillées, souvent avec des résultats surprenants, m'ont ouvert les yeux et ont changé ma compréhension de l'écologie sahélienne.

Je dois également toute ma gratitude à André Marty (sociologue à l'IRAM, Institut de Recherches et d'Applications des Méthodes de développement) qui m'a permis de lui rendre visite chez lui dans le sud de la France et m'a appris beaucoup sur les systèmes de production pastorale dans le Gourma. Durant mes visites répétées au nord Mali à la fin des années 1980 et au début des années 1990, j'ai aussi appris beaucoup de mes discussions avec Sidi Mohammed Ould Zahaby (qui, plus tard, a disparu puis est réapparu en 1992 en tant que porte-parole du mouvement rebelle), Mohammed Ag Mahmoud (chercheur autodidacte, principal d'école et leader touareg local) et Ibrahim Ag Youssouf (détenteur d'un diplôme de troisième cycle en sociolinguistique aux États-Unis et personne-ressource respectée).

De 1989 à 1992, j'ai travaillé en tant que chercheur assistant au programme de recherche sur le Mali à l'Université d'Oslo. Je suis particulièrement reconnaissant envers Alida Boye, qui, à cette époque, coordonnait le programme, ainsi qu'envers le couple d'anthropologues Gunnvor Berge et Jon Pedersen. Nous avons passé de nombreux moments agréables ensemble, académiquement comme socialement, en Norvège et au Mali.

Au Mali, j'ai bénéficié du soutien d'Ousmane Sidibé (devenu plus tard ministre du gouvernement), Abdoulaye Touré, Drissa Diallo et Mahmadou Diallo Iam (directeur du CNRST).

À partir de 1994, j'ai de nouveau pu me concentrer sur le Mali, ayant reçu une bourse pour un diplôme de troisième cycle en Géographie et

Développement International à l'Université de Roskilde, au Danemark, tout en étant basé au Centre pour le Développement et l'Environnement (SUM) de l'Université d'Oslo.

Mon intention était de poursuivre mon travail dans le nord Mali, mais, en raison de la rébellion touarègue qui avait rendu des aires de plus en plus vastes insécures après son début en juin 1990, j'ai décidé de relocaliser mon travail dans la région cotonnière du sud Mali.

Si je revisite, dans cet ouvrage, mon travail dans le Mali du Nord et du centre, la recherche que j'ai effectuée dans la zone cotonnière n'y figure pas, car il était malaisé de la connecter au thème de l'ouvrage.

En 1998, j'ai eu la chance de recevoir une offre d'emploi en tant que professeur associé au Département d'Environnement International et de Développement (Noragric) de l'Université Norvégienne des Sciences de la Vie (NMBU), alors appelée Université Agricole de Norvège. Au sein de Noragric, j'ai pu durant des années apprécier la collégialité et l'amitié de trop nombreux collègues pour être mentionnés ici.

En 2022, j'ai reçu une bourse Advanced Grant de la part du Conseil Européen de la Recherche (ERC) pour cinq ans, en vue de poursuivre mon travail au Sahel, et en particulier au Mali. Cette bourse m'a offert la possibilité d'employer deux chercheurs postdoctoraux (Ibrahima Poudiougou et Elieth Eyebiyi) ainsi que trois doctorants (Tchello Kasse, Nengak Daniel Gondyi et Hannes Bräuer) dans le cadre du projet (<https://landresponse.space>). De plus, le projet comprenait deux co-enquêteurs au Mali, Boubacar Ba (directeur du Centre d'analyse sur la Gouvernance et la Sécurité au Sahel) et Bréma Ely Dicko (professeur et anthropologue à l'Université de Bamako). L'objet du projet est d'enquêter sur le rôle des dépossessions de terres dans le processus de migrations ainsi que dans le recrutement des groupes armés au Sahel.

J'étais particulièrement enchanté que ce financement m'offrît l'opportunité de poursuivre ma longue coopération avec Boubacar Ba. Nous nous connaissons depuis 1997 et avons commencé à étudier ensemble les conflits fonciers dans le delta intérieur du fleuve Niger à partir de 2006. Notre partenariat, en se développant, a engendré une collaboration fructueuse de recherche aussi bien qu'une profonde amitié. Boubacar dispose d'un incroyable réseau d'informateurs et de contacts au centre Mali, dont j'ai amplement profité. Ce que je pense connaître des motivations des populations dans le centre

Mali, et en particulier parmi les pasteurs peuls, je le dois à Boubacar et aux nombreuses personnes avec lesquelles, en tant qu'intervieweurs, il m'a mis en contact durant des années.

L'approche du présent ouvrage a aussi été inspirée par ma coopération et mes conversations avec nombre de collègues qui ont influencé ma pensée en matière d'écologie politique, de sécurité climatique, de justice climatique, de transformation verte, d'études paysannes et de politique au Sahel en général. Je pense en particulier à (par ordre alphabétique) Mariel Aguilar Støen, Tom Bassett, Piers Blaikie, Hannes Bräuer, Dan Brockington, Ian Bryceson, Halvard Buhaug, Bram Büscher, Connor Cavanagh, Frances Cleaver, Esteve Corbera, Elieth Eyebiyi, Bill Derman, Rosaleen Duffy, Anwesha Dutta, Jens Friis Lund, Denis Gautier, Nengak Daniel Gondyi, Erik Gómez-Baggethun, Sten Hagberg, Ketil Fred Hansen, Pierre Hiernaux, Randi Kaarhus, Tchello Kasse, Christian Lund, Faustin Maganga, Bill Moseley, Nancy Peluso, Ibrahima Poudiougou, Nitin Rai, Jesse Ribot, Paul Robbins, Melanie Sommerville, Espen Sjaastad, Sian Sullivan, Hanne Svarstad, Michael Watts et Poul Wisborg.

Sur le plan personnel, cet ouvrage a été écrit après qu'une maladie des motoneurones (MND) m'ait été diagnostiquée en septembre 2023. Après quelques mois en état de choc, j'ai découvert que l'écriture était le meilleur remède qui soit pour détourner mon attention de cette maladie qui détériore graduellement mes capacités physiques. Je suis immensément reconnaissant envers ma famille pour tout son soutien en ces temps difficiles, surtout ma chère épouse Hanne et mes merveilleuses filles Eline et Mina, mais également ma famille élargie et mes amis, ainsi que mes collègues.

Eline m'a aussi aidé à rassembler la liste de références et à dessiner trois figures et à rechercher IA (voir Box 1.1).

Enfin, j'apprécie l'autorisation reçue de la part des journaux et co-auteurs de reproduire des extraits plus ou moins longs des articles suivants :

Benjaminsen, T.A. and P. Hiernaux. 2019. From Desiccation to Global Climate Change: A History of the Desertification Narrative in the West African Sahel, 1900-2018. *Global Environment* 12 (1): 206-236.

Benjaminsen, T.A. 2021. Depicting Decline: Images and Myths in Environmental Discourse Analysis. *Landscape Research* 46 (2): 211-225.

Benjaminsen, T.A. and B. Ba. 2021. Fulani-Dogon Killings in Mali: Farmer-Herder Conflicts as Insurgency and Counterinsurgency. *African Security* 14 (1): 4-26.

Benjaminsen, T.A., H. Svarstad and I. Shaw of Tordarroch. 2022. Recognising Recognition in Climate Justice. *IDS Bulletin* 53 (4).

Benjaminsen, T.A. and B. Ba. 2024. A Moral Economy of Pastoralists? Understanding the "Jihadist" Insurgency in Mali. *Political Geography*.

Qu'on me permette de conclure avec les mots du fameux (et feu) chanteur de blues du désert malien Ali Farka Touré, qui m'a rendu visite à l'Université NMBU en 1999. J'ai eu l'honneur de le rencontrer dans mon bureau, de déjeuner avec lui et lui faire visiter le campus. Durant nos discussions sur le Mali, il répétait sans cesse : « Ce que je dis n'engage que moi », en d'autres termes, je porte seul la responsabilité des arguments de cet ouvrage et de la manière dont ils sont articulés.

Oslo, 14 mai 2024 Tor A. Benjaminsen

Notes

1 Ce discours a été tenu sur fond de fin de la guerre froide et ses implications politiques et stratégiques en Afrique. Mitterrand invitait les leaders africains à enclencher un processus de démocratisation ou risquer de perdre le soutien de la France. Cela inaugura en l'espace de quelques années une vague de démocraties multipartites dans la plupart des pays d'Afrique occidentale francophone.

2 Hiernaux, P., L. Diarra, V. Trichon, E. Mougin, N. Soumaguel, and F. Baup. Woody plant population dynamics in response to climate changes from 1984 to 2006 in Sahel (Gourma, Mali), *Journal of Hydrology* (2009).

Avertissement

Bien que financé par l'Union Européenne (ERC, LANDRESPONSE, numéro de projet 101054410), les points de vue et opinions exprimés dans l'ouvrage sont ceux et seulement ceux de l'auteur. Ils ne reflètent donc pas nécessairement ceux de l'Union Européenne ou de l'Agence Exécutive du Conseil Européen de la Recherche. Ni l'Union Européenne ni l'autorité d'octroi des bourses ne peuvent donc en être tenues responsables.

Liste des figures

Liste des acronymes[1]

ACC	Association Cotonnière Coloniale
ACLED	Armed Conflict Locations and Event Data
AFR100	The African Forest Restoration Initiative
AQMI	Al-Qaïda au Maghreb Islamique
ATT	Amadou Toumani Touré
BECSC	Bioénergie avec Captage et Stockage de dioxyde de carbone
CCNUCC	Convention-Cadre des Nations Unies sur les Changements Climatiques
CDR	Carbon Dioxyde Removal
CFDT	Compagnie Française pour le Développement des Textiles
CMA	Coordination des Mouvements de l'Azawad
CMDT	Compagnie Malienne pour le Développement des Textiles
COP	Conférence des Parties
CMED	Commission Mondiale sur l'Environnement et le Développement
CNULCD	Convention des Nations Unies sur la Lutte contre la Désertification
EIGS	État Islamique dans le Grand Sahara
FAO	Food and Agriculture Organization of the United Nations
FCFA	Franc CFA
FEM	Fonds pour l'Environnement Mondial

[1] NDT : ne sont traduits que les acronymes qui ont une traduction française officielle. Les acronymes suivis d'un astérisque sont développés dans la liste des acronymes.

FIS	Front Islamique du Salut
FNL	Front National de Libération
GATIA	Groupe Autodéfense Touareg, Imghad et Alliés
GES	Gaz à Effet de Serre
GIEC	Groupe d'experts Intergouvernemental sur l'Évolution du Climat
GMV	La Grande Muraille Verte
GR	Green Resources
GSPC	Groupe Salafiste pour la Prédication et le Combat
IPBES	Intergovernmental Science-Policy Platform on Biodiversity and Ecosystem Services
JNIM	Jama'at Nasr al-Islam wal Muslimin (Groupe de Soutien de l'Islam et des Musulmans)
LED	Low Energy Demand
MDP	Mécanisme de Développement Propre
MIT	Massachusetts Institute of Technology
MNLA	Mouvement National de Libération de l'Azawad
MUJAO	Mouvement pour l'Unicité et le Jihad en Afrique de l'Ouest
OCDE	Organisation de Coopération et de Développement
ODEM	Opération de Développement de l'Élevage dans la région de Mopti
ONG	Organisation Non Gouvernementale
ONU	Organisation des Nations Unies
ORM	Office Riz Mopti
PNUD	Programme des Nations Unies pour le Développement
PNUE	Programme des Nations Unies pour l'Environnement
REDD	Reduced Emissions from Deforestation and forest Degradation
RGPH	Recensement Général de la Population et de l'Habitat du Mali
SA	Savoirs Autochtones
SEA	Swedish Energy Agency
SL	Savoirs Locaux
UCDP	Uppsala Conflict Data Program
UICN	Union Internationale pour la Conservation de la Nature
VCS	Voluntary Carbon Standard

Sécurité climatique, justice climatique et reconnaissance

La crise sahélienne et le présent ouvrage

Les sécheresses et famines des années 1970 et 1980, ainsi que les soulèvements touaregs des années 1990 ont reproduit une image publique occidentale du Sahel comme un endroit dangereux à la marge du monde moderne. Déjà, lors de la « découverte » européenne de l'Afrique au XIXe siècle, l'intérieur du continent, à la marge du désert saharien, était considéré comme un lieu inaccessible, avec son grand éloignement de la mer, son climat rude et la présence de tribus nomades pillardes ainsi que ses musulmans (ou djihadistes) qui n'acceptaient pas les chrétiens sur leurs terres. Le mythe de Tombouctou comme bout du monde incarnait ce vieux récit européen au sujet du Sahel (Benjaminsen & Berge, 2004a, 2004b).

Plus récemment, ledit récit a été encore exacerbé par les rapports sur les violents conflits entre paysans et pasteurs, l'expansion djihadiste, les coups d'État, l'afflux de jeunes hommes quittant leur pays pour trouver du travail en Afrique du Nord ou se risquant à traverser la Méditerranée et l'augmentation du nombre de réfugiés déplacés dans leur pays. Pendant plus d'une décennie, on a assisté à une escalade de la crise sécuritaire, comportant une spirale de violence qui semble s'aggraver chaque année. Cette situation a des conséquences évidentes sur l'économie, les moyens de subsistance et la vie des populations en général.

Le Sahel a historiquement également été associé à d'autres tropes, spécialement liés aux changements environnementaux et climatiques. Au début de la période coloniale, s'est répandue, parmi les administrateurs coloniaux et les scientifiques, l'idée que les populations de ces zones arides surexploitaient les ressources, provoquant ainsi une désertification par leur surpâturage, leur surcoupe de bois et leurs mauvaises pratiques agricoles. La solution à ces problèmes était l'introduction de méthodes scientifiques et de gouvernance globale européennes. C'était une partie du « fardeau de l'homme blanc ».

Quelle est donc cette aire appelée Sahel, avec tant de tropes et mythes attachés à son nom ? Selon Amselle (2022), le Sahel est une pure invention coloniale. Il n'existe aucun vocable dans les langues d'Afrique occidentale pour cette zone de transition entre le désert du Sahara et la zone plus humide et forestière au sud. En arabe, « sahil » signifie « côte », ce qui se reflète dans le terme « Swahili », une langue née dans les zones côtières d'Afrique de l'Est. Après l'établissement de la colonie du Soudan français en 1895, les officiers coloniaux et les scientifiques français commencèrent à utiliser le terme de Sahel au début du XXe siècle pour désigner « la côte » du désert. Il est apparu la première fois dans un rapport du botaniste colonial français August Chevalier à la suite d'une mission de terrain en 1899-1900. Ce rapport définissait trois zones au sud du désert sur la base de critères botaniques et climatiques – Sahel, Soudan et Guinée, ce qui reflète une définition commune du Sahel comme zone climatique – zone qui, par exemple, reçoit une moyenne de 100 à 600 mm de précipitations annuelles.

Cependant, politiquement, « le Sahel » réfère en général aux anciennes colonies françaises arides allant de la savane du Sénégal et de la Mauritanie à l'ouest au Tchad à l'est. C'est à ce groupe de pays que le présent ouvrage se réfère comme « le Sahel » (figure 1.1), même si, dans certaines définitions, des parties du Soudan, de l'Érythrée et de l'Éthiopie, ainsi que Djibouti, sont comprises dans le Sahel.

La crise sahélienne actuelle est avant tout une crise associée aux soulèvements « djihadistes » armés[1]. La résistance armée djihadiste contre l'État au Sahel a éclaté d'abord au nord du Nigéria en 2009 et au nord Mali en 2012, se propageant ensuite aux zones et pays voisins.

À la situation sécuritaire s'ajoute une inquiétude internationale pour les conséquences du dérèglement climatique au Sahel. Le réchauffement global affecte cette région comme toutes les autres régions du monde. Si les prédictions en matière de modèles climatiques varient, la plupart des modèles envisagent une légère augmentation générale des précipitations annuelles, mais aussi une saison des pluies plus intense et variable (Biasutti 2013, Giannini 2016). De plus, des températures plus élevées ont

Figure 1.1 : Carte des pays du Sahel.
Source: l'auteur.

été observées et on s'attend à ce qu'elles continuent de croître, en combinaison avec des évènements extrêmes plus fréquents, comme de violentes tempêtes et de longues périodes de sécheresse (Panthou *et al.* 2014, Guichard *et al.* 2015). La variabilité croissante des précipitations n'est à l'évidence pas sans constituer de sérieux défis et risques, surtout pour les paysans, mais ne mènera pas à des conditions désertiques – contrairement à l'image courante présentée non seulement dans les médias et les politiques, mais également parfois par des activistes, voire parmi même les chercheurs. Donc, la vision du dérèglement climatique au Sahel la plus courante et la plus médiatisée persiste à présenter ces derniers comme une tendance allant vers des conditions plus arides et une « désertification » généralisée, perception publique qui continue à dominer, malgré le fait que le Sahel soit devenu plus vert depuis les grandes sécheresses des années 1970 et 1980 (par ex. : Olsson *et al.* 2005, Hutchinson *et al.* 2005, Fensholt *et al.* 2006, Benjaminsen & Hiernaux 2019).

Néanmoins, nous continuons à entendre des histoires sur la gravité de la désertification au Sahel. Il existe deux raisons pour lesquelles ce récit ne cesse de ressusciter. La première est qu'il se base sur une image qui s'introduit facilement dans les esprits, celle d'un désert rampant dévorant les aires vertes et fertiles. La seconde est que ce récit a été institutionnalisé, ce qui est un résultat du fait qu'il sert certains intérêts. Ce peut être des gouvernements étrangers qui ont intérêt à investir dans la lutte contre la désertification afin d'obtenir une image verte et ainsi détourner l'attention du manque d'action environnementale et climatique chez eux. Il se peut aussi que les gouvernements sahéliens exploitent ce récit pour attirer une aide extérieure vers leur pays. De plus, toute une industrie d'ONG, consultants et scientifiques a émergé à partir des années 1980, visant à profiter du flux généreux de fonds résultant de l'attention mondiale portée au récit sur la désertification.

Ce processus d'institutionnalisation est né de la mise en place du PNUE* en 1972. Dès le début, le PNUE* désigna la désertification comme un des problèmes environnementaux les plus sérieux du monde. Plus tard, cette vision est demeurée inamovible, en contradiction avec la recherche exploratoire.

Chaque année, autour du 17 juin, le fantôme de la désertification refait surface. En effet, c'est la Journée Internationale des Nations Unies pour la Lutte contre la Désertification et la Sécheresse, à l'occasion de laquelle on assiste à diverses initiatives des représentants de l'ONU et à une couverture médiatique mondiale. Pourtant, l'ONU n'est toujours pas capable de définir où exactement cette désertification a lieu. Et quand elle présente, épisodiquement, un exemple concret de désertification, le cas évoqué est souvent anecdotique et peut aisément être démenti.

Inspirés par l'ONU et la publicité médiatique, les dirigeants africains ont lancé l'idée d'établir une « muraille verte » plantée d'arbres, large de 15 km et longue de 8 000 km, reliant le Sénégal à Djibouti, afin de stopper l'avancée du désert (chapitre 5).

À la « Conférence des Parties », rencontre climatique de Paris en décembre 2015 (COP 21), ce sont quatre milliards de dollars qui ont été promis à ce gigantesque projet de la part de bailleurs de fonds, la Banque Mondiale promettant 100 millions de dollars, auxquels s'ajoutait une aide supplémentaire de la part de la France. Dans les conférences suivantes (Glasgow,

Sharm-el-Sheikh, Dubai), d'autres fonds furent promis pour ce projet de la part d'acteurs publics comme privés.

En plus de stopper la désertification, l'objectif de ce projet était de réduire l'impact du dérèglement climatique en plantant des arbres, en vue de freiner l'émigration des populations de la région et de proposer un emploi aux jeunes pour qu'ils ne rejoignent pas les groupes djihadistes. Nous savons cependant, sur la base de projets antérieurs de plantation d'arbres au Sahel, que seul un pourcentage minime des arbres ainsi plantés survivent, à moins d'être arrosés à la main. Nous savons également qu'il n'y a pas beaucoup de terres vacantes dans la région et qu'introduire de nouvelles exploitations des sols conduit nécessairement à des dépossessions de terres des exploitants en place, générant ainsi peut-être davantage de conflits et une augmentation de l'émigration (chapitre 5).

Comme nous l'avons déjà mentionné, le récit sur la désertification du Sahel a une longue histoire, qui remonte aux premiers temps de la colonisation (Swift 1996, Davis 2016a, Benjaminsen & Hiernaux 2019). Durant cette période, il y avait un débat parmi les scientifiques coloniaux français au sujet de la dessèchement des zones arides au sud du désert du Sahara et sur le point de savoir si ce phénomène est naturel ou provoqué par l'exploitation locale des sols (chapitre 2), ce qui entre bien en résonance avec les idées populaires d'aujourd'hui sur le dérèglement climatique et la désertification au Sahel. Durant le XXe siècle, l'idée selon laquelle ce sont les paysans et pasteurs sahéliens qui créent le désert est devenue dominante. Ce récit, qui servait de justification pour le contrôle de l'État colonial sur les terres et les ressources, servit aussi, plus tard, les intérêts des forestiers employés par l'État ainsi que les administrateurs et les politiques.

On supposait donc que la désertification était causée par la surpopulation, menant au surpâturage et à la surcoupe d'arbres, durant l'ère coloniale et les premières décennies après l'indépendance. Mais la recherche scientifique ayant démontré que la région avait en fait verdi pendant les trois dernières décennies, ce récit fut de plus en plus remis en question dans les politiques internationales dans les années 1990 et au début des années 2000.

Cependant, l'idée de « désertification » est robuste et difficile à éliminer, et, avec l'accent récent mis sur le dérèglement climatique, le fantôme de la désertification est de retour, plus vivant que jamais. Malgré un reverdissement en cours et des modèles climatiques prévoyant davantage de précipitation dans la région, le récit dominant des médias et des politiques est de nouveau un récit de désertification, mais cette fois-ci ce sont le réchauffement climatique et les conditions climatiques plus arides qu'on suppose responsables de ce processus.

Le présent ouvrage se concentre en particulier sur le Mali, en tant que pays « pivot » pour la crise sécuritaire du Sahel occidental et pour la sécurité climatique comme la justice climatique. Ces deux approches pour comprendre les interactions entre les populations et le climat sont de plus en plus souvent présentées dans les assemblées publiques comme universitaires. L'approche antérieure, devenue prédominante en politique internationale, émane des études universitaires sur les relations internationales, en sciences politiques et des études sur la paix et les conflits, qui, en général, mettent l'accent sur les politiques internationales et passent à côté des politiques locales et des contextes historiques et environnementaux.

La majeure partie de la littérature portant sur la justice climatique met également l'accent sur l'international et une vision globale, mais de plus en plus d'études sur la justice climatique s'attachent à des aspects plus locaux et détaillés du pouvoir et de la justice dans le cadre de l'action et de la politique climatiques. Certaines de ces études sur la justice climatique sont influencées par une approche critique de l'écologie politique et ses tentatives de relier les niveaux local et global dans leurs analyses, ou étudiant les processus globaux à travers le prisme d'études empiriques de cas locaux (Benjaminsen & Svarstad 2021).

Le contraste, les frictions et le manque d'engagement mutuel entre sécurité climatique et justice climatique, considérées comme deux traditions distinctes de la recherche environnementale et climatique basée sur les sciences sociales, font partie des thèmes principaux du présent ouvrage. De plus est née l'idée de « reconnaissance » en tant qu'aspect négligé de la justice dans la majeure partie de la littérature sur le Sahel aussi bien que dans les débats médiatiques et politiques. L'histoire coloniale et néocoloniale du Sahel démontre comment les exploitants sahéliens, et notamment leurs savoirs et leurs pratiques, ont fait l'objet d'une non-reconnaissance systématique – aussi bien dans les discours que plus formellement (dans les législations et les politiques) (Benjaminsen *et al.* 2022). Cet ouvrage tend à montrer comment mettre l'accent sur la reconnaissance dans un contexte historique, politique et environnemental peut faciliter une compréhension plus profonde des processus sociaux servant de toile de fond à l'insécurité et aux processus socio-environnementaux plus généralement.

Enfin, l'ouvrage combine une analyse discursive environnementale et une approche matérielle de l'écologie politique. Comme nous le verrons, les présentations discursives (par le biais d'outils rhétoriques comme les récits et les images) des populations sahéliennes depuis les débuts de l'ère coloniale ont contribué à les déposséder de leurs terres et à introduire des restrictions dans leur usage des ressources naturelles. Ce qui signifie que les discours comptent beaucoup et ont des conséquences matérielles pour la vie des populations.

Historique de la crise sécuritaire sahélienne

Le Mali est un pays clé à étudier pour comprendre l'historique et les causes de la rébellion djihadiste ainsi que l'actuelle crise sécuritaire dans le Sahel occidental. Le nord du Nigéria peut être considéré comme ayant joué un rôle similaire au Sahel central et oriental où la récente vague insurrectionnelle djihadiste a émergé quand Boko Haram s'est tourné vers la violence et a lancé une insurrection dans plusieurs États du nord du pays en 2009 (Comolli 2015, Thurston 2017).

Alors que Boko Haram prenait forme au Nigéria au début des années 2000, des guérilleros islamistes algériens pénétraient parallèlement le nord Mali. Ces agissements étaient des retombées de la guerre civile algérienne qui avait démarré en 1990, après que le parti islamiste FIS* eut gagné les élections locales et était en passe de gagner les élections générales en 1992. Un coup d'État militaire mit cependant fin aux espoirs islamistes de prendre le pouvoir au moyen des élections. Plusieurs milliers de membres du FIS* furent arrêtés et le parti fut interdit, avec le soutien silencieux de la France et l'Occident en général. La guerre civile algérienne dura pendant les années 1990 jusqu'à ce que les guérilleros islamistes furent ou bien tués ou obligés d'accepter une amnistie. Cependant, le GSPC*, organisation salafiste, ne se rendit pas et au début des années 2000, elle intensifia sa présence dans le nord Mali. Après les attentats du 11 septembre 2001 et l'invasion de l'Irak par les États-Unis en 2003, le GSPC*, auparavant organisation « islamo-nationaliste », rejoignit le Djihad mondial (Lounnas 2014) et, en 2007, l'organisation annonça son allégeance à Al-Quaïda, devenant AQMI* (Daniel 2012, Harmon 2014, Lounnas 2014).

Depuis son installation au nord Mali, AQMI* a réussi à renforcer sa situation économique en kidnappant des étrangers, recevant des millions d'euros de rançon, et en s'impliquant dans un trafic de cigarettes et de drogue à grande échelle (Daniel 2012, Harmon 2014, Lounnas 2014), ce qui a permis, en 2011, à AQMI* de mettre sur pieds une véritable force militaire au nord Mali.

Simultanément, à la suite du bombardement de la Libye par l'OTAN et de l'assassinat de Kadhafi en octobre 2011, entre 1 000 et 4 000 soldats touaregs des forces libyennes retournèrent lourdement armés au Mali (Keenan 2013), ce qui déclencha une nouvelle rébellion des Touaregs qui leur permit vite d'occuper les villes de Kidal, Gao et Tombouctou, dans le nord Mali. Dépourvue de ressources et souffrant d'un moral très bas, l'armée malienne préféra se retirer à Bamako et organiser un coup d'État éphémère, le 21 mars 2012, portant à la tête du pays le capitaine Sanogo.

En plus d'AQMI*, les forces rebelles étaient constituées des groupes salafistes Ansar Dine[2] et MUJAO*[3] ainsi que des Touaregs laïcs luttant pour l'autonomie du nord Mali au sein du MNLA*. Le MNLA* fut cependant de plus en plus marginalisé par les djihadistes en raison de son manque de ressources (Giraud 2013). Ce mouvement se rendit également impopulaire dans certaines parties de la population urbaine locale en raison de pillages du commerce local à Gao et Tombouctou (Harmon 2014, Bøås 2015). Le MNLA* tenta plus tard de justifier ces pillages comme des vengeances contre les Songhays sédentaires qui avaient soutenu les attaques de l'armée et de la milice Ganda Koy contre les populations civiles touarègues durant les conflits du début des années 1990.

Le MNLA* étant marginalisé et s'étant retiré dans son bastion de Kidal, les troupes rebelles qui se dirigeaient vers le sud en janvier 2013 étaient composées de combattants AQMI*, Ansar Dine et MUJAO*. Ces mouvements étaient considérés comme une menace pour le sud Mali, ce qui amena le président malien par intérim à demander l'aide de Paris.

Le 11 janvier, 4 000 soldats français et 1 500 véhicules stationnés au Tchad, furent dépêchés au Mali dans ce qui prit le nom « opération Serval » (Hanne 2014). Dans le village de Konna, dans la région de Mopti, les forces françaises réussirent à repousser les troupes rebelles et à progresser en vue de reprendre le contrôle des villes du nord Mali.

Les groupes djihadistes ont cependant graduellement repris pied dans la région de Mopti depuis 2015, mais pas par le biais d'une invasion à grande échelle. Cette reprise de contrôle s'est avant tout faite par le biais d'infiltrations éparpillées par de petits groupes armés, qui, restés « dans la brousse », rendaient des visites éclair occasionnelles dans les villages où ils donnaient leurs ordres et procédaient à l'assassinat de personnes qu'ils considéraient comme des collaborateurs du gouvernement ou de l'armée. Les populations locales les appellent « les gens de la brousse ».

Après l'opération Serval, la France installa Barkhane en 2014, en tant que force permanente au Sahel, avec 4 800 soldats opérant dans cinq pays, de la Mauritanie au Tchad. Au Mali, Barkhane comptait environ 1 000 soldats stationnés à Gao – jusqu'en août 2022, quand les troupes françaises se retirèrent, à la suite d'un désaccord avec le nouveau gouvernement militaire malien qui avait pris le pouvoir sur un coup d'État deux ans plus tôt.

Le désaccord en question reflétait les sentiments anti-français et anti-occidentaux qui grandissaient, surtout au sein de la jeunesse urbaine, mais aussi dans les médias, surtout les médias sociaux, et étaient partagés par de nombreux intellectuels de la région.

Cependant, juste après Serval et la libération par les troupes françaises des villes du nord Tombouctou et Gao en 2013, les populations brandissaient le tricolore en accueillant l'armée française, alors que l'ancien président Hollande visitait en triomphateur Tombouctou où il était célébré comme un héros. Même s'il y avait toujours eu un certain scepticisme quant à la politique et les intérêts français dans certaines franges de la population, l'opinion publique changea assez rapidement au sujet de l'intervention française.

Depuis lors, beaucoup de choses se sont mal passées dans les relations entre la France et le Mali, mais également entre l'ancien pouvoir colonial et plusieurs autres pays sahéliens. Divers groupes djihadistes ont continué à étendre leur aire de contrôle. De plus, de jeunes officiers porteurs d'une rhétorique anti-française et pro-russe ont arraché le pouvoir aux gouvernements démocratiquement élus au Mali (août 2020) et au Burkina Faso (janvier 2022). À cela, il faut ajouter d'importantes manifestations de soutien aux putschistes à Bamako et Ouagadougou.

En juillet 2023, on assista aussi à un coup d'État au Niger, cette fois-ci apparemment pas motivé par des sentiments anti-français, mais issu d'une lutte interne de pouvoir parmi les élites politiques et militaires. Il y eut cependant des manifestations populaires de soutien au coup d'État avec les mêmes slogans que dans les pays voisins. De cette manière, ce putsch a également été considéré comme faisant partie intégrante de la vague anti-française.

Depuis l'indépendance au début des années 1960, les relations entre la France et ses anciennes colonies sahéliennes ont été à la fois proches et tendues. Les élites sahéliennes connaissent très bien la France et la langue française. Elles envoient leurs enfants dans des écoles où ils apprennent plus au sujet de la France qu'au sujet de la société et de l'histoire africaines.

Pourtant, les attitudes anti-françaises ou anticoloniales ne sont pas nouvelles, elles sont présentes depuis l'ère coloniale, depuis la lutte anticoloniale de l'islamiste Samory Touré et des leaders touaregs Kaocen et Firhoun, au début du XXe siècle à la brève période présidentielle de Thomas Sankara au Burkina, avant son assassinat en 1987. Sankara a plus tard été célébré, surtout par la jeunesse sahélienne, comme le Che Guevara africain, parce qu'il s'était élevé contre la France et l'Occident et contre la corruption généralisée parmi les élites politiques et administratives.

La colonisation française fut en maints endroits brutale. En cas de résistance, des villages furent bombardés et tous leurs habitants tués (Sûret-Canale 1962, Lefebvre 2021). De plus, alors que le Second Empire avait formellement interdit l'esclavage dans les colonies depuis 1848, cette interdiction ne fut jamais appliquée au Sénégal. En 1855, cette pratique fut même expressément formulée par le Conseil administratif de la colonie. Durant la conquête coloniale, les captifs étaient distribués entre les officiers et les soldats et étaient aussi employés comme recrues dans l'armée (Sûret-Canale 1962).

Plus tard, de soi-disant « villages de liberté » furent établis pour les esclaves libérés du contrôle des sociétés africaines (par ex. : les Bamabara, les Peuls, les Touaregs), villages qui faisaient souvent office de réserves de travailleurs et étaient évoqués comme des « villages des esclaves du commandant » (Sûret-Canale 1962). Leurs habitants étaient employés pour effectuer des travaux pour le gouvernement colonial et les habitantes comme épouses des soldats. Ils avaient besoin d'un permis spécial pour s'éloigner de leur village, les fugitifs étant condamnés à la prison.

Diverses formes de travail forcé ont également constitué des obstacles au développement local du Sahel. Comme Sûret-Canale l'exprime (1962, p. 68),

> en soutirant systématiquement les fruits du travail excédentaire et même d'une large part du travail essentiel, [le colonialisme] empêcha toute forme d'accumulation locale de capital parmi les Africains. L'extrême misère des modes de vie constituait un obstacle à toute amélioration technique [...] Toute possibilité de développement autochtone d'une forme de capitalisme ou d'une bourgeoisie autochtone était donc extrêmement restreinte.

De plus, les soldats du Sahel combattirent aussi dans les rangs de l'armée française durant les deux Guerres mondiales ainsi qu'en « Indochine » dans les années 1950. Plusieurs centaines de milliers de soldats africains y perdirent la vie et, après les efforts de guerre, ceux qui avaient survécu étaient en général renvoyés chez eux sans compensation. Ce traitement honteux des « tirailleurs sénégalais » n'a que récemment été discuté ouvertement en France.

Dans les années 1940, une version française particulière de néocolonialisme commença à émerger, appelée « la Françafrique » (Borrel *et al.* 2021). Ce modèle est basé sur l'amitié entre les élites politiques françaises et africaines. Des cadeaux et bons services sont par exemple échangés entre les politiques français et les présidents et ministres africains comme contributions à des alliances stratégiques au sein desquelles actes officiels et relations personnelles sont étroitement mêlés. En d'autres termes, il s'agit de corruption de haut niveau. Curieusement, les récents coups d'État au Sahel et leur soutien populaire, et même la croissance des groupes djihadistes peuvent s'expliquer comme des réactions à la Françafrique.

De fait, les nouveaux régimes militaires aussi bien que les djihadistes, qui pourtant se combattent, emploient un même discours anti-élite et anti-corruption et visent à transformer le système néocolonial et à dénouer les liens avec la France.

Les sentiments anti-français au Mali se sont répandus, car beaucoup de gens ne comprennent pas comment presque 5 000 soldats bien équipés n'ont pas été capables de venir à bout des djihadistes qui disposent d'armes bien moins sophistiquées. Ce fait a mené à des théories complotistes au sujet de la France qui ne souhaiterait pas mettre fin à l'insécurité au Sahel, car celle-ci engendre des États faibles plus aisément exploités, théorie qui n'est pas exceptionnelle au Sahel ou au sein de la diaspora sahélienne. Cette vision est également reproduite par quelques blogueurs dans des médias sociaux suivis par des centaines de milliers de personnes et qui adoptent une position clairement pro-russe. Dans ce type de récit, la Russie est présentée comme une puissance mondiale au programme anticolonial.

Il est évident que la popularité de la France dans les pays francophones d'Afrique de l'Ouest ne s'est pas améliorée avec le fameux discours que l'ancien président Sarkozy tint à l'Université de Cheikh Anta Diop à Dakar en 2007, discours dans lequel il affirma la chose suivante :

> Le drame de l'Afrique, c'est que l'homme africain n'est pas assez entré dans l'Histoire [...]. Jamais il ne s'élance vers l'avenir [...]. Dans cet univers où la nature commande tout, l'homme reste immobile au milieu d'un ordre immuable où tout est écrit d'avance. [...] Il n'y a de place ni pour l'aventure humaine, ni pour l'idée de progrès. Dans cet univers où la nature commande tout [...], l'homme reste immobile au milieu d'un ordre immuable où tout semble écrit d'avance.

Ce discours, confirmant publiquement une vision néocoloniale de l'Afrique par la France, proclamant que les Africains sont enfermés dans la superstition et les traditions et ne s'intéressent pas au progrès, déclencha un large éventail de réponses à travers l'Afrique francophone. De même, le président Macron, dans un discours à l'Élysée en août 2023, se référant à l'intervention militaire française au Sahel, fit l'affirmation suivante :

> Si la France n'était pas intervenue, si nos militaires n'étaient tombés au champs d'honneur en Afrique, si Serval puis Barkhane n'avaient pas été décidés, nous ne parlerions pas aujourd'hui ni du Mali, ni du Burkina Faso, ni du Niger. Ces États n'existeraient plus aujourd'hui dans leurs limites territoriales. Je peux vous le dire avec certitude.

Ce message affirmant que les pays sahéliens n'existaient que grâce à la France provoqua un tollé, surtout dans les médias sociaux, stimulant les sentiments anti-français.

Au Mali, les forces françaises sont devenues impopulaires, surtout après qu'elles eurent laissé l'aire de Kidal au nord aux Touaregs et non à l'armée malienne, ce qui renforça l'idée que la France soutient la lutte des Touaregs pour l'indépendance. De plus, depuis que Ansar Dine semble garder un pouvoir considérable dans l'aire de Kidal, notamment grâce à la collecte d'une taxe (*zakat*) de 10 % sur la production artisanale locale d'or, l'action de la France met en évidence, aux yeux de nombreuses personnes au Mali, que les Français, pour des raisons stratégiques, ne souhaitent pas combattre les djihadistes.

Lorsque les forces françaises commencèrent à mettre en œuvre leur plan de retrait du Mali, le nouveau gouvernement militaire invita le fameux groupe Wagner à les remplacer. Ce groupe a récemment, après la mort de son leader Prigogine, été rebaptisé et pris le nom d'Africa Corps, ce qui constitue une référence effrayante à l'« Afrika Korps » de l'Allemagne nazie qui opéra de 1941 à 1943 en Afrique du Nord sous le commandement du général Rommel.

Pour ceux qui ont déjà suivi l'action militaire de Wagner en Ukraine, Syrie et dans d'autres pays, il n'est pas surprenant que son intervention au Mali se soit accompagnée de graves violations des droits de l'homme. L'évènement le plus médiatisé se déroula dans le village de Moura, au Mali central, en mars 2022, où 500 habitants furent massacrés. En mai 2023, le Haut-Commissariat des Nations Unies aux Droits de l'homme publia un rapport sur ce massacre, rejeté par le gouvernement militaire comme propagande française et occidentale. La version officielle était que l'armée malienne avait monté une opération qui avait abouti à la mort de 203 terroristes.

Le retrait français du camp de Gao a également ouvert un espace dans le nord-est pour une expansion de l'EIGS* dans le tripoint frontalier appelé le Liptako-Gourma. L'EIGS* est un groupe à dominante peule désormais installé dans ce tripoint entre le Mali, le Niger et le Burkina Faso.

En plus de ces groupes djihadistes, il existe actuellement des Touaregs rebelles « laïcs » regroupés sous l'organisation parapluie CMA* et des milices alliées du gouvernement comme le GATIA*, à dominante touarègue, le Ganda Iso, à dominante peule, le Ganda Koy, à dominante songhay et le Da Na Amassagou, à dominante dogon. Cette gamme de groupes armés est, en plus de l'armée malienne, responsable du niveau croissant de violence. Selon l'UCDP*, le nombre de morts au combat au Mali a augmenté, par exemple, de 182 en 2016 à 3641 en 2022.

Il existe, cependant, une certaine plasticité en ce qui concerne l'organisation et l'adhésion aux groupes armés dans le Mali du nord et du centre. En effet « les alliances se forment et s'effondrent à un rythme élevé entre une myriade de groupes armés, qui, ce qui complique encore les choses, peuvent se rebaptiser sous de nouveaux acronymes » (Desgrais *et al.* 2018, p. 656). De plus, certains individus peuvent changer d'allégeance, passant d'un groupe à un autre. C'est pourquoi « l'adhésion » aux divers groupes comme leurs politiques discursives déclarées doivent être traitées avec précaution.

Par exemple, on a pu voir les groupes touaregs djihadistes, laïcs et alliés du gouvernement, en 2023, coopérer dans une tentative conjointe, bien qu'infructueuse, de combattre l'EIGS* dans l'aire de Menaka. Cette alliance touarègue semble avoir initialement constitué la réponse à une longue histoire conflictuelle autour des pâturages et des lacs saisonniers entre les Peuls et les Touaregs dans le Liptako-Gourma. Cette alliance a cependant été de nouveau rompue, prenant des formes plus compliquées, certains groupes touaregs ayant rejoint l'EIGS* à dominante peule. Cette instabilité des coalitions rend une analyse de la sécurité difficile et nécessairement à court terme.

Sécurité climatique

Sur le plan de la politique internationale, le dérèglement climatique a, ces dernières décennies, été de plus en plus considéré comme une question de sécurité, ce qui est appelé, dans la littérature universitaire, la « sécurisation de dérèglement climatique » (Brown *et al.* 2007), ou simplement en tant que « sécurité climatique ».

Cette attention internationale pour la sécurité climatique se retrouve surtout chez les acteurs politiques, militaires et les ONG, alors que relativement peu de chercheurs défendent l'idée (Selby & Hoffmann 2014).

> En cela, le domaine de la sécurité climatique diverge nettement des autres domaines de la politique du changement climatique, où les scientifiques ont joué un rôle formateur en faisant progresser l'action nationale et internationale (Selby & Hoffmann 2014, p. 749).

En outre, puisque la sécurité climatique a continué à prendre de l'ampleur pendant la dernière décennie, il semble qu'il y ait un nombre grandissant de chercheurs en recherche appliquée et axée sur la politique, qui, sans grande ambition empirique, s'alignent sur cette approche, obéissant principalement à la pression de la part des décideurs combinée à des intérêts financiers.

Les médias populaires sont pleins d'histoires non seulement de désastres dans les zones africaines arides, provoquant souvent des conditions désertiques, mais reliant aussi de tels évènements avec la violence généralisée. Désert et violence sont ainsi intimement liés dans l'imagerie populaire. Par exemple, dans la série dystopique des « Mad Max », un désastre environnemental, qu'on présume causé par un dérèglement climatique, a créé une planète désertique dominée par une lutte violente pour la survie autour de maigres ressources entre les rares populations restant sur Terre. Ce scénario entre également en résonance avec certains livres populaires sur les « guerres du climat » (par ex. : Dyer 2010, Welzer 2012).

Selon Dyer (2010), une « crise apocalyptique » est « considérée comme devant occuper la majeure partie du XXIe siècle », avec « une probabilité de guerres, même nucléaires, si les températures augmentaient de deux ou trois degrés Celsius » (Dyer 2010, pp. xi-xii).

Dans le livre de Welzer, cependant, le dérèglement climatique n'est pas considéré comme cause directe des conflits, mais davantage comme un facteur sous-jacent générant une production alimentaire en baisse, une dégradation croissante des sols en raison des sécheresses et des inondations, des risques sanitaires en hausse et davantage de gens en mouvements migratoires. Donc,

> les conséquences du dérèglement climatique renforceront et approfondiront les problèmes de survie et les potentialités de violence ; ils interagiront avec des facteurs politiques, économiques, ethniques et autres facteurs socio-historiques et peuvent mener à un usage plus fréquent de la force (Welzer 2012, p. 75).

Ce mode de pensée est conforme à nombre d'autres écrits d'analystes de la sécurité et est souvent appelé « multiplicateur de menaces », résultant d'une collision entre des désastres politiques, économiques et environnementaux (Parenti 2011).

Dans une perspective historique, ce nouveau « réductionnisme climatique » (donnant au climat le rôle de variable clé pour prévoir les changements sociaux) peut être comparé au « déterminisme climatique » du XIXe siècle et du début du XXe siècle (Hulme 2014). Comme à l'apogée du réductionnisme climatique, quand l'organisation des sujets coloniaux était réduite à un produit du climat africain, il y a aussi un accent particulier mis sur l'Afrique dans le cadre du réductionnisme climatique. Les terres arides africaines, et tout particulièrement le Sahel, sont souvent désignées comme les exemples les plus flagrants d'un mélange volatil de dérèglement climatique, sécheresse, pénurie alimentaire, migrations et insurrection armée. Le Sahel a aussi été employé par le Comité Nobel norvégien comme l'exemple par excellence du lien entre dérèglement climatique et conflits quand le vice-président des États-Unis Al Gore et le GIEC* reçurent le prix Nobel de la Paix en 2007 (voir l'encadré 1.1 ci-dessous avec un exemple de la manière dont l'Intelligence Artificielle [IA] envisage le dérèglement climatique et les conflits au Sahel).

Encadré 1.1 Dérèglement climatique et conflits dans le sahel africain : un aperçu descriptif (effectué par l'ia)

Le Sahel africain, région aride s'étendant sur plusieurs pays d'Afrique du Nord et de l'Ouest, a été considérablement touché aussi bien par le dérèglement climatique que par les conflits. En voici une description détaillée.

1. Les effets du dérèglement climatique
   - Hausse des températures. La hausse des températures au Sahel exacerbe les défis existants en matière de rareté de l'eau, de sécurité alimentaire et de subsistance. Les sécheresses prolongées et les vagues de chaleur ont généré des mauvaises récoltes, des pertes de subsistance et un accès réduit à l'eau propre.
   - Système de précipitations irrégulières. Le Sahel a connu des précipitations irrégulières en raison du dérèglement climatique. Des saisons des pluies imprévisibles affectent la productivité agricole et mène à la rareté et à la compétition.
   - Désertification. L'extension des zones désertiques à des régions auparavant habitables menace la survie des communautés. La dégradation des sols et la perte de végétation contribuent à la désertification.
   - Migration et déplacement. Le stress environnemental induit par le climat provoque des migrations à l'intérieur comme à l'extérieur des pays sahéliens. Les populations déplacées font souvent face à des conflits et tension pour les ressources avec les communautés d'accueil.
2. Dynamique des conflits
   - Rareté des ressources. Les ressources rares, notamment l'eau, les pâturages et les terres arables, créent une compétition entre les pasteurs, les paysans et les autres groupes, compétition qui débouche sur de violents accrochages.
   - Tensions ethniques et communales. Les divisions ethniques et les griefs historiques s'entremêlent avec la rareté des ressources. Les conflits entre groupes ethniques pour les terres, le bétail et l'accès aux ressources sont communs.
   - Insurrections extrémistes. Le Sahel est le foyer de groupes extrémistes comme Boko Haram, l'AQIM*et le EIGS*. Ces groupes exploitent les griefs existants, une gouvernance défaillante et la pauvreté pour recruter des combattants et déstabiliser la région.
   - Fragilité de l'État. Une gouvernance défaillante, la corruption et des institutions étatiques inadéquates contribuent à l'insécurité. Les groupes

armés exploitent les lacunes de l'État et le manque de mise en œuvre efficace de la loi.

3. Les défis interconnectés
   - Une boucle de rétroaction. Le dérèglement climatique exacerbe les vulnérabilités existantes, ce qui mène à des conflits qui, à leur tour, perturbent les efforts de développement, aggravant dégradations environnementales et rareté des ressources.
   - Crise humanitaire. La combinaison de migrations climatiques, conflits et insécurité alimentaire crée une crise humanitaire complexe. Les populations déplacées sont confrontées à la violence, la faim et un accès inadéquat aux services de base.
   - Coopération régionale. Gérer le dérèglement climatique et les conflits exige une coopération régionale entre les pays sahéliens, coopération qui est essentielle pour alléger le stress environnemental et prévenir de nouveaux conflits.

En résumé, le Sahel africain fait face à une situation précaire dont le dérèglement climatique intensifie les défis, menant à de violents conflits. Des solutions durables doivent exploiter la résilience environnementale et la consolidation de la paix afin d'assurer le bien-être des communautés sahéliennes.

Source : Copilote, requête : « donner une description du dérèglement climatique et des conflits au Sahel africain ».

Curieusement, le récit climat-conflits utilisé pour le Sahel (reflété par l'encadré 1.1) comporte aussi des éléments malthusiens (Hartmann 2014, Selby & Hoffmann 2014) par son insistance sur la rareté des ressources comme cause de dégradation environnementale, pauvreté et escalade des luttes pour les ressources, avec des racines dans l'école de la « sécurité environnementale » qui émergea dans les années 1990 (Homer-Dixon 1994). Traditionnellement, cette littérature s'est d'abord inquiétée de la « surpopulation » et de la « surexploitation » des ressources naturelles renouvelables qui lui est liée comme causes des conflits (Homer-Dixon 1999), mais avec le réchauffement climatique et le récit subséquent sur la sécurité climatique, l'impact attendu du dérèglement climatique anthropique sur la sécurité des sociétés et de l'existence a gagné en importance.

Il est cependant important de souligner ici que questionner le récit climat-conflits au Sahel ne signifie aucunement que le dérèglement climatique ne doive pas être pris au sérieux ou qu'ils ne constituent pas un ensemble de graves risques affectant la région. Le problème est plutôt que ce récit dépolitise et déshistorise les conflits, reproduisant les visions externes, et plutôt coloniales sur le Sahel, ce qui implique que les contextes historique et politique sahéliens ne sont pas reconnus dans ce récit. Il semble plus facile et pratique pour divers acteurs, par exemple certains gouvernements, des activistes et même certains universitaires, de souligner le dérèglement climatique comme moteur plutôt que d'essayer de comprendre un contexte complexe.

Même si le dérèglement climatique affecte à l'évidence l'Ukraine, Israël et la Palestine, il serait ridicule d'insinuer que ces violents conflits ont pour base ce dérèglement de quelque manière que ce soit, car les contextes historiques et politiques de ces conflits sont bien connus et maintes fois présentés dans les médias dominants. Un tel intérêt pour le contexte est pourtant largement absent quand il s'agit de l'« analyse » des conflits du Sahel.

Cependant, questionner la littérature sur la sécurité climatique et les exigences qui lui sont liées implique un dilemme, car le dérèglement climatique anthropique et le besoin d'une action climatique urgente exigent toute notre attention. Les exigences exprimées pour attirer l'attention sur ce problème mondial doivent, cependant, être basées sur des faits. Sinon, il existe un risque de saper l'engagement public sur la question à long terme.

Dans le cadre de pensée de la sécurité climatique, « sécurité » et « insécurité » sont généralement comprises en relation avec les risques de violence. L'idée générale est que le dérèglement climatique joue un rôle en la matière.

Certains analystes de la sécurité climatique définissent bien, cependant, la sécurité de manière plus large. Par exemple, Busby (2022) inclut les crises humanitaires comme résultats du dérèglement climatique dans le concept de « sécurité » parallèlement aux conflits violents. Il accuse la littérature sur la sécurité climatique de ne pas prêter assez attention aux mécanismes causaux. Effectuant une étude de cas comparative de sept pays en Afrique et en Asie, il conclut qu'il existe trois facteurs en particulier qui font que le dérèglement climatique déclenche conflits violents et crises humanitaires. Ce sont 1) des capacités étatiques défaillantes ; 2) des institutions politiques tyranniques ; et 3) une aide étrangère bloquée ou fournie de manière déséquilibrée. Le dernier chapitre du présent ouvrage revient sur une discussion critique de ces facteurs.

En outre, MacDonald (2021, p. 4) a identifié quatre discours différents sur la sécurité climatique répertoriés selon les questions : « qui bénéficie de la sécurité en priorité, face à quelles menaces la sécurité doit-elle être assurée, quels sont les agents qui doivent assurer la sécurité, avec quels moyens la sécurité doit-elle être assurée ». Ces discours se concentrent respectivement sur l'État-nation, la communauté internationale, les populations ou les écosystèmes. Les adaptations aux risques climatiques varient selon ces divers discours.

La propre approche de McDonald repose sur le dernier de ces quatre discours, considérant la sécurité climatique dans un vaste cadre philosophique environnemental et élargissant l'objet de l'attention à la résilience des écosystèmes. Il est cependant difficile d'entrevoir ce que cela signifie en pratique. Quel type d'action doit découler d'un tel discours sur la sécurité écologique ?

Même si McDonald (2021) reconnaît que les mesures climatiques peuvent être douloureuses pour les populations vulnérables, il se concentre tout de même sur des mesures progressives et efficaces qui défient « la tyrannie du statu quo » (p. 192) sans prêter trop d'attention aux compromis et choix difficiles impliqués. On peut se demander ce que cela signifierait, en termes de mesures climatiques concrètes, pour le Sahel (Benjaminsen 2023), car les compromis sont nombreux quant aux risques pour la sécurité liés à une amélioration du climat, menant à certaines formes de néocolonialisme vert (ou accaparement vert, selon Fairhead *et al.* 2012) (voir le chapitre 5).

L'approche du GIEC* en matière de sécurité climatique a changé avec ses derniers rapports d'évaluation. Se référant au quatrième rapport d'évaluation, Nordås et Gleditsch (2007, p. 628) indiquent que

> même le GIEC*, qui se targue légitimement de présenter une synthèse de la meilleure science évaluée par des pairs, est devenu la proie du recours à de l'information de seconde, voire de troisième main, sans base empirique, dans son commentaire du rôle du dérèglement climatique dans les conflits.

Avec la publication du cinquième rapport d'évaluation en 2014, il y avait cependant une amélioration considérable dans la manière dont la sécurité humaine était discutée, mais toujours avec quelques incohérences entre les divers chapitres et en fonction des auteurs (Gleditsch & Nordås 2014).

Alors que le sixième rapport d'évaluation ne comportait pas de chapitres distincts discutant la sécurité humaine, il se concentre sur la manière dont les risques liés au dérèglement climatique peuvent surgir par des voies indirectes, comme la sécurité alimentaire, ou la mise en œuvre de mesures d'adaptation ou d'atténuation (O'Neill *et al.* 2022). En fait, de récentes recherches mettent en lumière les capacités de l'État et le niveau de développement socio-économique comme des facteurs généralement plus importants que le dérèglement climatique pour expliquer les conflits, tout en prenant en compte le fait que les risques liés au dérèglement climatique peuvent potentiellement avoir un impact sur les conflits (Mach *et al.* 2019). Qu'il s'agisse de boisement, de moulins à vent ou de fuel biologique, les risques liés aux initiatives d'atténuation des effets du dérèglement climatique sont de plus en plus discutés dans la littérature récente sur les risques liés à ce dérèglement (Buhaug *et al.* 2023).

Ceci montre qu'il y a un lien évident entre le dérèglement climatique et les conflits, mais ce que ce lien implique et la compréhension de ce lien varient considérablement selon les chercheurs, journalistes, activistes du climat et décideurs. Un gros potentiel de malentendus est aussi mobilisé par les acteurs dont l'intérêt est de mettre à l'ordre du jour la problématique climat-conflits, arguant par exemple que seule « une mauvaise lecture de l'état de la science » peut permettre de douter des liens entre le dérèglement climatique et l'insécurité, et, donc, que le Conseil de Sécurité de l'ONU, prenant acte de la science, devrait introduire les défis posés par le dérèglement climatique dans son programme (Day & Krampe 2023). Les risques engendrés par une telle priorité sont que les causes premières des conflits sont passées sous silence ou simplement négligées, et que les voies possibles de résolution politique des conflits ne sont pas suffisamment explorées. Donc, alors que les processus continuent, le dérèglement climatique peut servir de paratonnerre en empêchant une attention politique et médiatique sur les causes authentiques de conflits.

De plus, que devrait exactement faire le Conseil de Sécurité de l'ONU pour « prendre acte de la science » : élever une nouvelle muraille d'arbres (chapitre 5) ou organiser une intervention militaire afin d'empêcher les migrations vers l'Europe ?

En plus de ces risques inhérents au cadre de la sécurité climatique, ce dernier peut également servir d'« outil antipolitique » pour les régimes responsables des conflits. Par exemple, l'ex-président malien Amadou Toumani Touré (2002-2012), quand il rencontrait des leaders ou des publics étrangers, mettait souvent l'accent sur le dérèglement climatique et la désertification pour expliquer la crise sécuritaire dans le nord du pays. Dans la même veine, le président syrien Assad rejetait la responsabilité de la guerre civile dans son pays sur la sécheresse et le réchauffement climatique quand il rencontrait des diplomates, tandis que l'ex-président soudanais Omar al-Bashir se plaisait à fournir la même explication au conflit du Darfour (Selby *et al.* 2022). Les médias internationaux ont aussi généralement été enclins à reprendre le récit politique des conflits causés par le climat. C'est surtout la crise au Sahel qui a attiré l'attention internationale sur le dérèglement climatique en tant que cause des problèmes. Pour ne donner que deux exemples, Le Monde signalait le 11 avril 2019 que les conflits entre pasteurs peuls et paysans dogons au Mali étaient causés par la raréfaction des ressources en raison du dérèglement climatique et de la croissance démographique, alors que le Deutsche Welle (11 juin 2019) concluait que « le conflit entre les groupes ethniques Dogons et Peuls autour des ressources au Mali avait été exacerbé par le dérèglement climatique, la croissance démographique, un État absent et l'islamisme » (voir le chapitre 4 pour une discussion sur les conflits entre Dogons et Peuls dans leur contexte).

De telles affirmations émanant des politiques et des médias contrastent avec la majeure partie de la recherche dans le domaine. Des études quantitatives sur la paix et les conflits ont remis en question les hypothèses courantes sur le dérèglement climatique en tant que moteur de la violence et de l'insécurité, même s'il peut indirectement y contribuer dans certains contextes (par ex. : Buhaug 2010, Theisen *et al.* 2013, Koubi 2019, Buhaug *et al.* 2023), alors que les études de cas en écologie politique au Sahel pointent les défauts de ce lien supposé entre climat et conflits en mettant en évidence les contextes politique, historique et social pour expliquer lesdits conflits (Benjaminsen *et al.* 2012, Abrahams & Carr 2017, Selby *et al.* 2022).

Justice climatique et reconnaissance

Le champ de la justice climatique a pris son essor au début des années 2000 avec la prise de conscience grandissante du fait que le dérèglement climatique aussi bien que sa gestion par le biais de mesures d'atténuation et d'adaptation tendaient à produire des inégalités (Jafry *et al.* 2018). Tout spécialement après la COP15 à Copenhague en 2009, un mouvement mondial de justice climatique fut mis en place, réagissant contre ce qui était largement considéré comme une conférence ratée (Schlosberg & Collins 2014). Bien que le terme soit compris différemment par les activistes, les universitaires et les décideurs politiques, un point commun reste une préoccupation pour l'impartialité, l'équité et la justice en matière de dérèglement climatique (Jafry *et al.* 2018).

La justice climatique est désormais bien établie dans les politiques climatiques internationales, avec notamment le CCNUCC* et les accords de Paris. Le GIEC* aussi, à travers ses divers rapports, reflète l'accent grandissant mis sur la justice climatique, qui constitue un des thèmes principaux de son sixième rapport d'évaluation (Ara Begum *et al.* 2022).

Les gouvernements, surtout ceux des pays du Sud, ainsi que de nombreux activistes tendent à mettre l'accent sur l'injustice engendrée par le dérèglement climatique et la responsabilité des pays occidentaux en la matière, ce qui est reconnu par la CCNUCC* par le biais du principe de « responsabilité commune, mais différenciée » (Fisher 2015).

Dans son sixième rapport d'évaluation, le GIEC* argue également qu'existe une prise de conscience croissante du fait que l'urgence de la crise climatique nécessite une action rapide en vue d'initier une transformation verte et sociétale vers une économie bas-carbone ou verte. Une telle transformation suppose nécessairement un changement sociétal en profondeur qui aura des implications pour la justice sociale (Ara Begum *et al.* 2022).

Pour poursuivre cet objectif, il existe de nombreuses formes de durabilité entre lesquelles choisir (Cavanagh & Benjaminsen 2017). Elles vont des scénarios de maintien du statu quo mettant l'accent sur la modernisation, le progrès technologique et les solutions basées sur l'économie de marché, dans le cadre de ce qu'on a appelé l'« écomodernisme » (Asafu-Adjaye *et al.* 2015) jusqu'à des propositions plus radicales comme la « décroissance » basée sur une réduction de la production et de la consommation dans les pays occidentaux (D'Alisa *et al.* 2014). Bien qu'il y ait de nombreux compromis potentiels entre la justice et une action climatique efficace, il faudra, pour que la transformation sociale nécessaire se réalise de manière durable, s'appuyer sur les conceptions populaires de ce qui est juste et socialement acceptable (Scoones *et al.* 2015).

Avec la conférence Rio+20 en 2012, « l'économie verte » a émergé en tant que nouvel outil pour atteindre un développement durable (PNUE* 2011, OCDE* 2012, Banque Mondiale 2012). Cependant, les approches dominantes de l'économie verte diffèrent entre les pays occidentaux et les pays du Sud (Bergius & Buseth 2019). En Occident, sa composante majeure a été dominée par des solutions technologiques et d'économie de marché dans le secteur des énergies renouvelables. Cette approche est également importante dans le Sud, mais en pratique on y a, pour la mise en œuvre de l'économie verte, mis l'accent sur des initiatives de protection de l'environnement combinées à des changements dans l'accès et le contrôle des ressources renouvelables, avec des conséquences sociales néfastes (Cavanagh & Benjaminsen 2017, Bergius *et al.* 2018). Les actuelles transformations politiques vers une économie verte prennent des directions différentes dans l'hémisphère nord et l'hémisphère sud, créant différents gagnants et perdants selon leur accès au pouvoir.

Ces débats élargissent la question de la justice climatique au-delà de la question de la distribution entre les États-nations. Au niveau national et local, les questions importantes autour des implications de la justice ne portent pas uniquement sur où les effets du dérèglement climatique seront ressentis, mais également sur qui devra assumer le coût des mesures d'atténuation, comment les décisions en matière d'adaptation et d'atténuation seront prises, quels intérêts et quelles existences compteront pour les politiques d'atténuation et d'adaptation (Fisher 2015).

Dans les travaux universitaires, la justice climatique peut être considérée comme un sous-domaine de la justice environnementale, dont le cadre dominant a d'abord été développé par Schlosberg (2003). Ce cadre met en évidence trois éléments principaux de la justice – la justice distributive, la reconnaissance et la justice procédurale – et est inspiré par la philosophie politique, en particulier les travaux de Nancy Fraser (1998), mais aussi Iris Young (1990) et Axel Honneth (1995, 2001). Nancy Fraser proposa initialement une approche bidimensionnelle, avec la distribution et la reconnaissance, mais dans les années 1990, elle inclut la représentation (justice procédurale) en tant que troisième dimension (Fraser 1998).

Dans les discussions sur la justice climatique, la justice distributive renvoie à la distribution des charges et des bénéfices liés au dérèglement climatique lui-même ou à sa gestion. La justice en tant que reconnaissance concerne qui on respecte (ou non) et les intérêts, valeurs et opinions de qui sont reconnus et pris en compte. La justice procédurale traite de qui est impliqué et exerce une influence en termes de prise de décision. En outre, Fraser (2000) relie la reconnaissance au statut social et envisage la non-reconnaissance comme l'institutionnalisation de la subordination sociale. Une telle non-reconnaissance peut prendre différents visages, par exemple la domination culturelle, le déni (ou manque) de reconnaissance ou l'irrespect. Elle peut être liée aux catégories sociales comme le genre, la race, la religion ou l'appartenance ethnique.

Fraser considère la reconnaissance et la distribution comme deux dimensions parallèles de la justice, en cela en désaccord avec Honneth, qui argue que la reconnaissance est la catégorie fondamentale et dominante de la justice, ce qui signifie que les questions de distribution et de redistribution dérivent de la reconnaissance (Fraser & Honneth 2003). Cependant, pour Fraser, « toute mauvaise distribution n'est pas un sous-produit de la reconnaissance » (Fraser & Honneth 2003, p. 35). L'injustice et la mauvaise distribution produites par le capitalisme spéculatif peuvent n'être pas nécessairement liées à la non-reconnaissance, dit-elle[4].

On peut cependant arguer que sans forme de reconnaissance, il est improbable qu'un groupe de gens bénéficie d'une justice distributive ou procédurale, puisque la reconnaissance concerne qui on respecte (ou non) et les intérêts, valeurs et opinions de qui sont reconnus et pris en compte. Dans le contexte du dérèglement climatique, la reconnaissance peut être considérée comme renvoyant à quels savoirs, intérêts, priorités et existences sont considérés comme précieux dans les constructions sociales, tels les discours et récits ainsi que les politiques et pratiques.

Alors que Fraser tend à mettre l'accent sur la reconnaissance légale et formelle, principalement à travers les institutions publiques, Honneth conçoit la reconnaissance comme présentant deux dimensions : la reconnaissance légale en termes de droits formels, et la reconnaissance intersubjective qui consiste en solidarité et amour (Fraser 2018). Dans le discours, les politiques et les pratiques climatiques, la non-reconnaissance peut être liée aussi bien à un manque de droits formels qu'à un défaut de solidarité avec les populations marginalisées parmi les acteurs au pouvoir et les décideurs politiques.

Dans sa discussion sur la non-reconnaissance, Fraser (2009) développe le concept de « malcadrage » créé par Hannah Arendt. Cette notion renvoie à qui a le droit d'avoir des droits et au fait que certaines personnes deviennent des non-personnes en ce qui concerne la justice. Bien que ceux qui souffrent puissent faire l'objet de charité, ils restent sans droits formels à la justice. Ces malcadrages peuvent maintenir des États puissants et des compagnies multinationales hors d'atteinte de la justice, et ils peuvent être considérés comme constituant la définition de l'injustice à l'ère mondialisée, selon Fraser (2009). Une telle politique de cadrage, qui renvoie à qui est considéré comme objet de justice, invisibilise aussi bien les groupes subalternes qui souffrent d'injustice que le pouvoir des pays, institutions ou compagnies qui sont la source de cette injustice.

Mais bien que Arendt comme Fraser se concentrent sur la justice formelle, la notion de malcadrage peut aussi être appliquée à la justice intersubjective. Les populations marginalisées ne sont pas uniquement invisibilisées en tant qu'objets légaux de justice, mais également dans les discours et pratiques dominants en tant qu'acteurs de leurs propres droits. Leurs intérêts, leurs priorités, leur existence sont négligés. Elles ne se trouvent donc pas uniquement hors du royaume de la justice formelle, mais aussi négligées et non reconnues dans les discours, ce qui reflète un type non formel de non-reconnaissance qui peut être considéré comme une absence de solidarité. Le présent ouvrage ne discute donc pas seulement la (non-)reconnaissance formelle, mais aussi ses formes intersubjectives exprimées à travers la (non-)reconnaissance discursive.

Une telle absence de solidarité peut être associée à un manque d'intérêt du contexte historique et géographique de l'injustice commise. Alors qu'un tel désintérêt pour le contexte peut être le produit des parcours disciplinaires, il a aussi de profondes racines dans le colonialisme et les inégalités de voix et de perspectives qui durent encore aujourd'hui.

En ce qui concerne les questions de justice climatique au Sahel, les perspectives sont diverses. D'un côté il y a le récit des ONG et des activistes qui affirme que le Sahel est une région particulièrement vulnérable aux changements climatiques et que cette vulnérabilité liée au climat est également une question de justice climatique. L'argument est que la vulnérabilité au dérèglement climatique du Sahel provient de la hausse des températures et de la variabilité croissante des précipitations. L'augmentation continue prévue des précipitations totales et le verdissement du Sahel les dernières décennies sont rarement mentionnés.

Au lieu de ça, le récit sur la désertification poursuit sa route. Puisque le désert du Sahara s'étend vers le sud en raison des gaz à effet de serre, on argue donc que c'est le devoir juridique des nations riches de financer les initiatives visant à stopper ce processus, par le biais de projets tels que la Grande Muraille Verte (voir le chapitre 5). Et donc le financement des mesures d'atténuation et d'adaptation aussi bien que des pertes et dommages demeure au centre de ce récit, qu'on retrouve sur de nombreux sites internet d'ONG.

À l'inverse d'un tel discours apolitique, Kashwan et Ribot (2021, p. 326) considèrent qu'un tel agenda

> [détourne] l'attention des inégalités qui vulnérabilisent les populations et rendent les évènements climatiques dangereux, qu'ils soient ordinaires ou bien intensifiés par les changements globaux [et que] les gouvernements du Nord comme du Sud font maintenant porter la responsabilité au climat et au temps de crises qu'ils ont eux-mêmes créées et auxquelles ils pourraient remédier.

La vulnérabilité au dérèglement climatique a donc des causes politiques et historiques et ne devrait pas être lui attribuée. Comme l'affirme Ribot (2010), la vulnérabilité ne tombe pas du ciel.

En lien avec cette critique politico-économique des points de vue apolitiques sur la vulnérabilité, une « justice climatique agraire » a émergé à partir d'études agraires critiques comme une vision alternative de la justice climatique dans le Sud rural, notamment au Sahel (Borras & Franco 2018). Ce point de vue se préoccupe

> du droit foncier, de la souveraineté des populations sur les ressources naturelles et de l'importance d'une agriculture durable, comme on peut le voir dans des documents historiques issus de mouvements pour la justice climatique, comme les Principes de la Justice Climatique de Bali en 2007 et L'accord des Peuples de Cochabamba en 2010 (Calmon *et al.* 2021, p. 2796).

Cette perspective combine des préoccupations pour la justice agraire et pour la justice climatique, et s'appuie sur cinq objectifs normatifs : redistribution (de l'accès aux terres et aux ressources et leur contrôle), reconnaissance (des droits locaux sur les terres et les ressources), restitution (de l'accès perdu aux terres), régénération des terres (écologiquement et économiquement), et ces quatre objectifs peuvent seulement être atteints par une résistance au sein du capitalisme ou contre lui (Borras & Franco 2018, p. 1319).

Le chemin est long entre cette perspective sur la justice climatique et les points de vue dominants adoptés par les ONG et les activistes, qui lient la justice climatique au manque de financement des interventions dans les pays du Sud.

La perspective dominante est qu'il y a un écart entre le financement et les besoins dans le Sud en raison du non-respect des promesses faites par les pays riches, par exemple les engagements pris à la COP de Paris en 2015. La qualité des projets et les risques que les nouveaux projets renforcent l'injustice climatique sont rarement discutés. Cette position se reflète dans le chapitre sur les finances du sixième rapport d'évaluation du GIEC*, où il est recommandé d'accélérer le financement des solutions à base naturelle, notamment en matière d'atténuation des changements dans le secteur forestier (boisement et REDD), sans discuter les risques potentiels d'injustice climatique induits par de telles interventions (Kreibiehl *et al.* 2022).

La suite de l'ouvrage

Le chapitre suivant passe en revue l'histoire du récit sur la désertification au Sahel depuis son apparition au début de l'ère coloniale. Est également discuté l'impact de ce récit sur l'existence des populations du Sahel. Cet impact fut surtout ressenti à cause de la mise en place des Services Forestiers militarisés qui se perpétuèrent après l'indépendance sous forme de « police des forêts », puis renforcés dans le cadre de l'aide internationale au moment de l'élaboration d'un agenda du développement durable dans les années 1980. Ce chapitre fournit ainsi l'arrière-plan des discussions sur la sécurité climatique comme de la justice climatique au Sahel.

Le chapitre 3 discute du pastoralisme comme stratégie de subsistance au Sahel. En outre, pour source d'inspiration, il endosse les lunettes analytiques de « l'économie morale », de « l'accaparement des élites » et de « la dépossession des terres », afin de fournir le contexte permettant d'expliquer pourquoi tant de pasteurs sahéliens ont rejoint les groupes djihadistes. Ce chapitre met aussi en évidence le rôle des deux leaders djihadistes Iyad Ag Ghaly et Hamadoun Kouffa dans la mise en place de la révolte au Mali. L'objectif principal de ce chapitre est de démontrer combien le contexte compte quand on tente d'expliquer les conflits et révoltes dans le cadre plus large de la sécurité climatique.

L'importance du contexte pour la sécurité climatique est également le principal message du chapitre 4 où sont discutés des conflits récents entre Dogons et Peuls dans la plaine du Seeno-Gondo, au centre du Mali. Ces conflits ont été présentés comme des conflits typiques entre paysans et pasteurs, causés par la raréfaction des terres et ressources naturelles, parfois associée au dérèglement climatique. À l'inverse d'un tel récit sur la rareté, ce chapitre argue que les conflits peuvent plutôt être compris comme une insurrection et sa contre-insurrection. De nombreux Peuls ont rejoint les rangs des groupes djihadistes dans la zone, et comme l'armée malienne ne parvenait pas à battre ces groupes, elle soutint une milice dogon qui attaquait des villages peuls, ce qui, à son tour, mena à une contre-attaque de la part des groupes peuls djihadistes. En plus de démontrer la complexité de la crise actuelle au Mali et combien sont simplistes et trompeurs les récits l'expliquant par le dérèglement climatique ou la rareté, ce chapitre montre comment les visions des ennemis comme « terroristes » ou « djihadistes » sont dangereuses et capables d'alimenter les conflits violents.

Le chapitre 5 discute d'abord de l'écomodernisme et de la décroissance comme deux approches divergentes de la transformation verte, avec leurs implications respectives sur la justice climatique. L'écomodernisme est l'approche dominante de l'économie bas-carbone dans les pays riches et au sein des organisations internationales, notamment le GIEC*. Elle est cependant basée sur l'hypothèse erronée selon laquelle de vastes terres du Sud, surtout en Afrique, sont inexploitées et sans propriétaires, et qu'elles sont donc disponibles pour un boisement de grande envergure. Les projets actuels de boisement, comme les plantations du projet Green Resources en Afrique de l'Est et la Grande Muraille Verte au Sahel, ont démontré l'injustice climatique de tels projets, car ils mènent à des dépossessions de terres et potentiellement aussi à des résistances et des conflits fonciers. Quand il y a une telle non-reconnaissance claire des populations locales, il existe un risque évident qu'une atténuation des effets climatiques par le biais de boisements ne mène pas uniquement à un échec des projets, mais aussi à des résistances accrues, qui, à leur tour, peuvent exacerber les conflits. De plus, planter des arbres dans des prairies et dans la savane n'est sans doute pas un moyen efficace de stocker le carbone et peut avoir des effets néfastes sur la biodiversité. Malgré ces problèmes évidents, le boisement est annoncé comme l'approche principale visant à atténuer l'effet du dérèglement climatique mondial. Ceci est possible grâce au fétichisme du carbone, car ses effets néfastes sur le climat ne sont pas visibles par le grand public. Plus la marchandise est mondialisée et plus la distance entre la production et la consommation est grande, plus l'écart entre la manière dont un projet est vendu sur les sites internet, dans la documentation de projet et les médias sociaux et ce qui se passe sur le terrain s'agrandit. Mais une telle méconnaissance du contexte peut aussi « prendre sa revanche » sur les projets : ce qui est souvent présenté comme des conséquences inattendues aurait pu être prévu si le contexte avait été pris en considération. Mais éviter de telles conséquences demande de prendre au sérieux le contexte et les idées de la recherche qualitative. Cela exige la reconnaissance des savoirs des populations locales et l'histoire de leur utilisation des terres au moment de planifier un projet sur le climat.

Le chapitre 6 est le chapitre de conclusion. Il résume l'approche de l'ouvrage en matière de sécurité climatique et de justice climatique, deux traditions de la recherche environnementale et climatique basée sur les sciences sociales qui sont rarement mises en dialogue. En particulier, le livre vise à combler les lacunes de la littérature en faisant dialoguer et en confrontant les discussions sur la sécurité climatique avec la justice climatique.

L'ouvrage s'est également inspiré des discussions sur la « reconnaissance », aspect clé de la justice en plus des approches néomarxistes en matière d'études agraires critiques pour expliquer l'émergence des révoltes paysannes. En plus, l'ouvrage s'appuie sur l'analyse des discours environnementaux, démontrant comment les présentations discursives des sociétés et paysages sahéliens ont travaillé, des débuts de l'ère coloniale aux temps présents, à déposséder les populations de leurs terres et à restreindre leur utilisation des ressources naturelles. Enfin, ce chapitre conclusif argue qu'une bonne compréhension du contexte lié à la sécurité climatique et à la justice climatique dépend de la recherche qualitative pour saisir les dynamiques sociales, les relations de pouvoir et les trajectoires historiques. Mais elle dépend aussi des sciences naturelles rationnelles pour évaluer les changements du paysage et de l'écologie dans le temps, ainsi que les dérèglements climatiques du passé et de l'avenir. Il y a cependant une certaine robustesse et une résilience des récits eurocentristes et néocoloniaux au sujet du Sahel, et ils tendent à primer sur les faits et les savoirs scientifiques sur le contexte. Ces récits ont tendance à être conduits par des intérêts politiques en soutenant les approches écomodernistes de la gouvernance climatique et environnementale dans les pays riches d'Occident.

Notes

1 Le terme de djihadisme n'est pas sans poser problème. Le djihad réfère traditionnellement moins à une lutte violente qu'à une lutte morale et spirituelle (Sedgwick 2015). Cependant le terme est ici employé pour référer aux groupes insurgés du Sahel qui se nomment eux-mêmes « djihadistes » ou « moudjahidines ».

2 Il s'agit d'une organisation djihadiste à dominante touarègue menée par Iyad Ag Ghaly, originaire de Kidal et exigeant que le Mali devienne un état islamique.

3 Il s'agissait plutôt d'une vague organisation salafiste avec une direction peu claire, mais à dominante surtout Songhay et Peul.

4 Fraser fournit l'exemple de la manière dont les travailleurs mâles blancs dans l'industrie peuvent perdre leur emploi en raison de la fermeture de leur usine à cause d'une fusion spéculative (Fraser & Honneth 2003 : 35).

Colonisation, désertification et gouvernance forestière

Science et politique (les deux ne se rencontreront jamais)

Il existe peu de questions dans nos sociétés où la distance entre la science et la politique est aussi grande que sur la question de la désertification. Un tel écart est souvent présent en matière de dérèglement climatique, mais il s'agit d'un autre type d'écart, car il n'y est pas principalement question de l'analyse du problème en lui-même, mais plutôt de l'ampleur et de la nature des mesures à prendre.

Sur le sujet de la désertification, au contraire, surtout sur la désertification au Sahel, la région du monde le plus souvent évoquée comme connaissant la pire des situations en la matière, les scientifiques amassent depuis plus de 30 ans des preuves contre l'idée d'un désert du Sahara s'étendant vers le sud. Malgré cela, l'ONU, la Banque Mondiale, les gros bailleurs de l'aide au développement, les politiques puissants, les ONG, grandes et petites, et même certains activistes de cette question, continuent à porter toute leur attention à ce problème imaginaire, les médias ne faisant pas mieux. On peut souvent se demander où est passé le journalisme critique.

Comme l'écrivait Rudyard Kipling dans son fameux poème « The Ballad of East and West » (1889), « les deux ne se rencontreront jamais », il semblerait que ce soit le cas pour ce qui est de la science et de la politique en matière de désertification au Sahel. Alors que la recherche scientifique publiée ces trois ou quatre dernières décennies a démontré un verdissement du Sahel, la « désertification » a simultanément obtenu le statut de question environnementale mondiale. C'est devenu un fait institutionnalisé. Mais, avant de discuter les raisons de cette « inconciliabilité », jetons un coup d'œil à l'histoire de cette question environnementale.

Lors de la première conférence mondiale sur l'environnement, Conférence des Nations Unies sur l'environnement humain à Stockholm en 1972, fut décidée la création du PNUE* et la construction de son quartier général à Nairobi commença. Durant les années qui suivirent, la désertification en Afrique fut ciblée par le PNUE* comme son domaine central d'intérêt et, subséquemment, fut organisée, à Nairobi en 1977, la Conférence des Nations Unies sur la Désertification. Deux ans plus tard, un des directeurs du PNUE* poursuivait en déclarant que la désertification constituait la plus grave menace environnementale pour le bien-être futur sur Terre. Swift (1996) a expliqué ce choix de centre d'intérêt par le fait que le récit sur la désertification était considéré comme non politique et ne portait pas préjudice aux puissants. Les « coupables », en effet, dans une perspective malthusienne, étaient de petits paysans et pasteurs qui n'avaient pas droit au chapitre dans les débats politiques mondiaux sur l'environnement. Vingt ans après la conférence de Stockholm, celle de Rio mit de nouveau en avant la désertification en tant que problème mondial et décida la création de la Convention des Nations unies sur la lutte contre la désertification, création adoptée en 1994. À plusieurs reprises, le Sahel fut présenté comme la région du monde la plus susceptible d'être affectée par ce processus.

Après les vagues de sécheresse des années 1970 et 1980 au Sahel, l'accent a été mis par la communauté internationale sur la surpopulation comme cause principale de la désertification. Cette compréhension malthusienne de la situation a dominé jusqu'au début des années 2000, alors que le dérèglement climatique prenait de l'importance sur l'agenda politique mondial, ce qui mena non seulement à une sécuritisation de ce problème, mais provoqua un nouvel intérêt pour la question de la désertification, mais cette fois-ci, l'idée émergea que celle-ci était la conséquence du dérèglement climatique.

De son côté, la recherche scientifique présentait une image complètement différente des changements de la végétation et des paysages au Sahel. Rapidement après la grosse sécheresse du milieu des années 1980, la recherche en télédétection, exploitant les données des satellites, indiquait une rapide récupération de la végétation (Hiernaux 1988, Tucker *et al.* 1991), tendance qui fut plus tard confirmée par d'autres études (Eklundh & Olsson 2003, Olsson *et al.* 2005, Anyamba & Tucker 2005, Herrmann *et al.* 2005, Fensholt *et al.* 2006).

Le reverdissement du paysage sahélien fut détecté aussi bien pour le couvert herbacé que pour la végétation ligneuse. Durant les années 2000-2014, par exemple, le couvert ligneux augmenta sensiblement au Sahel (Brandt *et al.* 2016). La majeure partie de ce verdissement peut être attribuée à une hausse des précipitations. Cependant, les améliorations que les paysans apportèrent en plantant des arbres peuvent avoir contribué localement à ce verdissement (Reij *et al.* 2005). En d'autres termes, la tendance positive générale observée pour le couvert herbacé comme ligneux remet en question le récit de la désertification au Sahel. En outre, cette récupération rapide de la végétation après les sécheresses a également été observée dans d'autres régions arides de la planète, comme l'a noté le GIEC* (Mirzabaev *et al.* 2022).

Colonisation, dessèchement et désertification

L'idée d'une avancée du Sahara vers le sud n'est cependant pas nouvelle. Dès les années 1880, elle émergea parmi les administrateurs et scientifiques coloniaux parallèlement au processus de colonisation du Sahel. Dès les débuts de la présence européenne dans la région existait une solide croyance du colonisateur que les populations locales africaines généraient des conditions désertiques par une surexploitation des ressources naturelles comme les pâturages et les forêts. En même temps, certains scientifiques français étaient d'avis que la région était sujette à un phénomène de dessèchement climatique (Benjaminsen & Hiernaux 2019).

Ce dessèchement était considéré comme le résultat d'une diminution des précipitations et d'un climat généralement plus sec. Les débuts de l'ère coloniale au Sahel (fin du XIXe, début du XXe) coïncidaient avec le début d'une période sèche. En raison de la sécheresse, en plus des criquets, de la peste bovine et, surtout, de l'occupation militaire, le Sahel connut au début du XXe siècle déclin économique et famine. Ces années de sécheresse accrurent, parmi les administrateurs et scientifiques français, l'inquiétude quant à une avancée du Sahara vers le sud, qui constituait un obstacle aux objectifs de production des colonies. En France, cette inquiétude mena à un débat autour des causes naturelles ou anthropiques du dessèchement.

Lors de l'Exposition Coloniale de 1906 à Marseille, le géographe Lahache lança la thèse d'une dessèchement naturel graduel de l'Afrique Occidentale (Lahache 1907). À son avis, une sécheresse et un dessèchement potentiels constituaient un obstacle sérieux à la prospérité de l'empire colonial français en Afrique. La cause du dessèchement était une modification du rayonnement solaire ou bien de la configuration des vents, ce qui provoquait une baisse des précipitations. Mais Lahache adoptait une position prudente, ajoutant qu'on disposait de trop peu de données pour affirmer qu'un dessèchement était bien en train de se produire.

Le géologue et administrateur colonial Henry Hubert se fit un des plus fervents défenseurs de l'hypothèse du dessèchement (Hubert 1917, 1920). Il se montrait moins prudent que Lahache et affirmait fermement que le désert s'étendait à un rythme qui exigeait des mesures rapides. Hubert croyait que le dessèchement était un processus global se produisant aussi dans d'autres régions du monde. Concernant l'Afrique Occidentale, il concluait qu'un dessèchement progressive s'était produite pendant 60 ans avec aggravation les dernières 20 années. Il voyait des facteurs naturels comme humains derrière le processus de dessèchement en cours, avec la baisse des précipitations comme facteur principal. Pour combattre ce processus, il recommandait une lutte totale contre l'érosion et l'invasion du sable par une politique de protection de la végétation et de reboisement systématique.

Le géologue René Chudeau était, quant à lui, critique au sujet d'un dessèchement graduel du Sahel, ce qui mena à une confrontation entre lui et Hubert (Van Beusekom 1999). Chudeau affirmait que la tendance était à des fluctuations et non à une avancée continue du désert. Il ne reliait pas cela à l'utilisation locale des ressources, mais étudia le régime des précipitations en Afrique Occidentale pour répondre à la question de savoir si le dessèchement progressive clamé par Hubert avait bien lieu.

Chudeau présenta les données pluviométriques de Saint-Louis (Sénégal) de 1830 à 1915 à l'appui de sa thèse. Dans la même veine, il référait aux niveaux d'eau variables du lac Tchad, concluant que l'Afrique Occidentale en 1921 se trouvait dans une période sèche avec une légère amélioration les dernières années, et qu'il n'y avait aucune preuve de dessèchement. Ses données prouvaient plutôt l'existence de cycles de 20 à 50 ans, affirmait-il (Chudeau 1921).

Alors que certains scientifiques avaient, les premières décennies du XXe siècle, soutenu que la dessèchement avait des causes naturelles, cette vision fut de plus en plus remplacée par l'idée que c'étaient les humains et leur bétail qui étaient les coupables, une idée qui, à partir des années 1920, se renforçant, devint part intégrante de l'idéologie coloniale qui, en contrepartie, soutint la théorie du dessèchement (Davis 2016 a). De nombreux administrateurs et scientifiques croyaient fermement que les autochtones africains géraient mal les ressources naturelles, générant déforestation, dégradation des sols et avancée du désert. Ces opinions prévalaient particulièrement parmi les forestiers coloniaux.

Par exemple, en 1907, un groupe d'experts commandé par le ministre français de l'Agriculture pour évaluer l'état des forêts en Afrique Occidentale Française (AOF) conclut que le dessèchement était principalement due aux activités humaines locales. Un des objectifs de la Mission Forestière était de proposer l'action appropriée « considérant l'importance de prendre des mesures pour préserver la masse forestière d'Afrique intérieure et d'assurer la reforestation des régions nues ». J. Vuillet, agronome et chef des Services Agricoles du Haut Sénégal et Niger, dirigeant la Mission forestière, n'était pas convaincu par la théorie de Lahache sur le dessèchement naturel. L'accent était au contraire mis, dans son rapport, sur diverses formes de surexploitation et de destruction locales des forêts. Le point de départ et la principale supposition de la Mission étaient qu'une déforestation de grande ampleur était en cours en Afrique Occidentale. Sur la base d'observations personnelles, les membres constataient : « les forêts sont dans un état épouvantable », et

> les causes de la déforestation des territoires couverts par la Mission sont 1) le défrichage de nouvelles terres pour l'agriculture, 2) les feux de brousse, 3) le pâturage et le broutage, 4) l'abattage d'arbre pour usage du bois.

En ce qui concerne les feux de brousse et le surpâturage, le rapport poursuit : « ainsi, la ruine de la forêt est consommée sous les yeux de populations négligentes et presque irresponsables ». « C'est de fait une vérité », concluait la Mission Forestière « que le Sahara progresse vers le sud en raison de l'action des Hommes ». L'usage des feux de brousse pour gérer les pâturages est qualifié de « pratique barbare », la déforestation et l'avancée du désert étant causées par « l'indolence et la négligence des Noirs ».

Le Service Forestier, dont la mise en place était proposée par Vuillet et son équipe, devait introduire des méthodes scientifiques de gestion forestière dans les colonies, car « toute forêt exploitée selon les règles de la science forestière ne meurt pas, [mais] continue à exister, s'améliore et fournit chaque année de nombreux produits », alors que « toute forêt exploitée sans méthode et abandonnée au feu, aux bêtes et à la dévastation par les Hommes, est fatalement condamnée à disparaître à court terme ». Le Service Forestier proposé devait conserver, améliorer, policer et exploiter les forêts ainsi que restaurer les parties des forêts en ruine.

La majeure Mission Forestière suivante en AOF fut organisée en 1923 (Mangin 1924), avec, à sa tête, M. Mangin, inspecteur des Services Forestiers en France. Son objectif était de déterminer l'état des forêts coloniales et de proposer l'organisation de la conservation, du développement et de la gestion des forêts. Reflétant ce double objectif, le rapport est divisé en deux parties, dont la première donne une description botanique des peuplements forestiers dans différentes parties d'Afrique Occidentale, et la seconde discute « la question forestière » :

> L'indigène qui a l'habitude de n'accorder aucun prix à ce qu'il obtient sans travailler a toujours considéré, hier comme aujourd'hui, la forêt comme un bien sans valeur et en outre inépuisable. Il en a dont abusé et en abuse encore sans percevoir les conséquences de son manque de prévoyance.

La Mission Vuillet avait proposé la mise en place d'un Service Forestier en AOF, mais rien n'avait encore été fait, ce qui était peut-être le résultat d'une certaine résistance parmi les administrateurs coloniaux (Fairhead & Leach 2000). Comme ces derniers se servaient des chefs locaux pour la perception des impôts et le recrutement pour les corvées, introduire d'importantes restrictions sur l'exploitation de la forêt, les cultures, les pâturages et les feux de brousse pouvait compromettre cette coopération dont l'administration coloniale dépendait. De plus, la question forestière continuait à être traitée par les agents gérant la production agricole et animale au sein du Service pour l'Agriculture, et ces mêmes agents craignaient qu'introduire des restrictions en matière de conservation des forêts en instaurant un Service Forestier n'entrave le développement agricole. Le développement des colonies était aussi un consommateur majeur de bois combustible pour les moteurs à vapeur et le bois de construction, ce qui a pu contribuer aux hésitations des administrateurs coloniaux quant au Service Forestier prévu.

Afin de combattre la prétendue grave déforestation en Afrique Occidentale et de contourner les politiques locaux, la Mission Mangin soutint l'instauration d'un Service Forestier indépendant qui rapporterait à sa propre direction à Dakar plutôt qu'aux gouverneurs locaux. La Mission proposa aussi d'adopter une nouvelle loi pour remplacer le Décret Forestier de 1900[1]. L'inexactitude légale et la définition insuffisante des outils dans ce décret le rendaient inapte à traiter l'épuisement grave des forêts en cours, argumentait la Mission Mangin.

À la suite de la Mission Mangin, fut enfin adoptée la législation forestière sahélienne, plus fréquemment appelée Décret Forestier de 1935[2]. Cette loi prévoyait également la création du Service des Eaux et forêts, souvent abrégé en « Service Forestier », inspiré de l'organisme similaire en France, et mandaté pour appliquer la politique forestière recrutant ses agents dans l'armée et la police. Ce rôle des forestiers comme policiers plutôt qu'agents de développement se perpétua durant toute l'ère coloniale et même après l'indépendance (Brinkerhoff & Gage 1993, Benjaminsen 1997, Becker 2001).

À partir des années 1930, la théorie du dessèchement fut progressivement remplacé par une focalisation sur la désertification. Ce changement fut en particulier inspiré par l'épisode du Dust Bowl qui frappa les Grandes Plaines des États-Unis au début des années 1930 (Van Beusekom 1999). On dit de manière incorrecte qu'Aubréville (1949) aurait inventé le terme de « désertification », alors que c'est le forestier français Louis Lavauden, ayant travaillé au sud de la Tunisie, puis étant devenu chef du Service Forestier de Madagascar, qui avait introduit cette notion (Lavauden 1927). Lavauden avait aussi participé à une des premières expéditions transsahariennes motorisées en 1925, de la Tunisie au lac Tchad, puis jusqu'au Dahomey, observant en chemin les deux côtés du Sahara. Il déclara que la « désertification » était un phénomène relativement nouveau exclusivement produit par l'activité humaine.

Il était d'avis que stopper ce processus de désertification au nord du Sahara nécessitait une politique forestière et pastorale sévère, avec notamment reboisement, restrictions sur le pâturage, lutte contre les feux de brousse et mise en place d'aires inexploitées réservées à la préservation. La question était cependant plus ardue au sud du Sahara, en raison du fait qu'on y avait affaire à « des populations primitives, incapables de comprendre l'utilité des règles ».

Dans les années 1930, le forestier britannique E.P. Stebbing était un des scientifiques les plus connus et actifs à écrire sur la « menace du Sahara » (Swift 1996, Grove 1997, van Beusekom 1999). « Sa perception de la saison sèche dans le paysage sahélien l'incita à écrire un avertissement fiévreux sur ce qu'il considérait comme les dangers de la désertification » et il publia largement ses pensées à travers nombre de conférences et publications (Grove 1997). Dans son premier rapport, présenté sous forme de conférence à la Royal Geographical Society à Londres, Stebbing affirmait que « dans cette région, la population augmente tandis que les moyens de la nourrir diminuent à l'évidence et visiblement » (Stebbing 1937). Pour stopper l'avancée du

Sahara, il proposait de réserver deux ceintures parallèles de forêt traversant les colonies françaises et britanniques, d'environ 25 km de large et 2 200 km de long. Ces ceux ceintures devaient être fermées et protégées de l'agriculture, des feux et du pâturage.

En vue de prouver l'avancée du désert, Stebbing proposait de plus la création d'une commission d'enquête à ce sujet. Les années qui suivirent, la Commission Anglo-Française pour la Frontière Forestière fut nommée et ses membres voyagèrent sur la zone frontalière entre le Niger et le Nigéria en 1936-1937 afin d'enquêter sur la question de l'avancée du désert. Prenant comme point de départ la description de Stebbing, le mandat de la Commission était d'interroger les habitants des deux côtés de la frontière et de recueillir des informations sur le processus de dessèchement, la mesure dans laquelle la forêt avait perdu du terrain en faveur de la steppe, l'étendue de la nouvelle aire désertique et les causes de cette nouvelle situation. Cependant, la Commission effectua sa mission juste après une saison des pluies exceptionnellement humide. Il fut indiqué aux membres de l'équipe que les gens, de mémoire d'homme, n'avaient pas vu autant de pluie, ce qui leur fournit une image de la situation totalement différente de celle de Stebbing.

Dans son rapport, la Commission conclut donc qu'elle n'avait pu observer aucun déplacement massif de sable. « Donc, les terres cultivées dans le nord du Niger et du Nigéria ne sont à l'heure actuelle pas menacées par une invasion de sable » (Commission Anglo-Française 1973). On observait une régénération naturelle abondante, en nombre d'endroits, aidée par l'essaimage des graines par le bétail. En certains endroits, les habitants confirmèrent même l'impression des membres de l'équipe que les aires visitées avaient été moins boisées auparavant. La mission ne pouvait pas non plus soutenir l'idée d'un mouvement de populations du nord vers le sud. Au contraire, elle observa que les paysans sédentaires se répandaient au nord. La conclusion du rapport était qu'il n'existait aucun danger immédiat de dessèchement et d'avancée du désert dans les régions visitées.

Parallèlement à ce débat sur les causes du dessèchement et de l'avancée du désert, il y avait aussi des voix critiques parmi les scientifiques français qui avançaient des opinions plus optimistes sur l'environnement sahélien, en plus de celle de René Chudeau, déjà mentionnée. Un autre érudit critique était l'agronome Georges de Gironcourt. En 1908-1909, il effectua une expédition au Gourma, au sud de la boucle du fleuve Niger, au Soudan français. Sur la base de ses observations personnelles, il argumenta contre l'idée d'une avancée du désert et d'une dégradation des terres par l'usage local des ressources (de Gironcourt 1910, 1912). Au lieu de cela, il affirma qu'il n'existait aucune donnée permettant de soutenir ces idées. Au contraire, la végétation et les précipitations semblaient fluctuer et récupérer après une sécheresse, anticipant ainsi une des idées dominant actuellement les critiques du récit sur la désertification. Dans un discours public tenu en 1913, il accusait le gouvernement local d'être responsable de la déforestation en cours en certains endroits :

> La déforestation a été plus active durant nos dix années d'occupation que durant des siècles de nomadisme indigène. L'utilisation de cadres en bois pour la construction de nos stations mène à l'abattage d'innombrables palmiers et l'alimentation de nos moteurs à vapeur consume une masse de bois combustible qui est hors de proportion pour la production de bois des rives du Niger[3].

Prenant le contrepied de points de vue fréquemment entendus sur la rareté des ressources au Sahel, il défendait une vision plus optimiste du potentiel de développement le long du fleuve Niger et soutenait que le Gourma intérieur comptait des pâturages pouvant nourrir des troupeaux bien plus importants que ce n'était alors le cas.

Le récit colonial que de Gironcourt avait critiqué en 1910 avait déjà entamé une transition progressive du centre d'attention du dessèchement à une avancée anthropique du désert. L'article d'Aubréville de 1938 sur « la forêt coloniale » démontre cette transition en se demandant dans son introduction si le dessèchement était le produit de causes naturelles ou d'une déforestation anthropique. Répondant à la question, il conclut :

> La déforestation résulte de destructions systématiques opérées depuis des siècles par les indigènes. Le climat a peu changé depuis l'Antiquité. La flore forestière, étroitement contrôlée par le climat, est restée la même, au moins là où les humains n'ont pas exercé leur influence (Aubréville 1938, p. 42).

Aubréville, qui avait été le premier chef du Service Forestier dans les colonies françaises, renforçait le récit de crise en rejetant la responsabilité de la dégradation sur les pratiques locales d'exploitation des terres. Ceci aida à justifier le contrôle pris par le Service Forestier sur les ressources forestières et l'imposition de règles sur leur usage. Dans le cadre de cette institutionnalisation et de la progression de l'idée d'une désertification anthropique, le modèle du climax forestier s'avéra utile.

Ce modèle du climax, d'abord développé par le botaniste étatsunien Clements (1916), soutient l'idée d'un « état de climax » stable de la végétation, en équilibre avec un environnement et un climat donnés. Ce modèle considère la dynamique végétale, après une perturbation, comme une séquence unidirectionnelle d'étapes, appelée succession, ramenant idéalement à un climax, à moins que la perturbation ait été trop brutale ou répétitive, comme en cas de « mauvaise gestion locale » qui empêche le retour à l'équilibre et aboutit à un paysage désertique.

Dans le récit de crise, les valeurs des populations locales et leur gestion des ressources naturelles furent de plus en plus décrites par les politiques coloniaux comme rétrogrades, improductives et néfastes pour les écosystèmes (Fairhead & Leach 2000). Les cultures itinérantes, les feux de brousse à des fins diverses et la gestion des pâturages en particulier, avaient été criminalisés par les politiques et les législations coloniales. Alors qu'il y avait eu des vagues de sécheresse au Sahel en 1913-1914, et 1930-1932, puis en 1944-1948, les années 1950 furent exceptionnellement humides, avec des pâturages abondants et une repousse des forêts, ce qui signifie que peu d'importance fut accordée à la désertification durant les premières décennies après la Seconde Guerre mondiale. Cependant, quand la sécheresse frappa de nouveau en 1972-1973, puis 1983-1984, le récit sur la désertification fut rapidement réactivé. Les scientifiques déduisaient de ces sécheresses qu'elles démontraient la vulnérabilité des écosystèmes sahéliens en raison d'une pression démographique grandissante (Boudet 1972, Peyre de Fabrègues 1984, Sinclair & Fryxell 1985).

L'attention des médias à la suite de ces grandes sécheresses sahéliennes dans les années 1970 et 1980, apporta, par sa diffusion télévisée, une combinaison de dégradation environnementale et de famine dans les foyers occidentaux. De nombreuses ONG occidentales s'impliquèrent dans l'aide d'urgence aux populations nécessiteuses. Après plusieurs années de ces projets d'aide, nombre d'entre eux devinrent des projets de développement à long terme, partageant en général leur inquiétude pour l'environnement sahélien et l'opinion selon laquelle l'usage des terres par les populations était responsable de la crise.

L'augmentation de l'attention mondiale sur la désertification coïncidait avec un mouvement international pour l'environnement dans les années 1980 et l'émergence du concept de « développement durable » (CMED* 1987). En 1982, le Mali accepta la mise en œuvre d'un Programme d'Ajustement Structurel avec la Banque Mondiale et le FMI. Ceci mena à une réduction des dépenses publiques et du nombre de fonctionnaires dans tous les secteurs, excepté le secteur forestier, secteur dans lequel le nombre d'administrateurs dans les zones rurales fut multiplié dans tout le pays à partir des années 1980 (Poulton & Ag Youssouf 1998). On assista alors à une présence accrue d'agents forestiers pour exercer une action de police sur les villages et les terres pastorales, ce qui était considéré par le gouvernement et les bailleurs internationaux comme nécessaire pour adopter un développement durable en stoppant l'avancée du désert de manière efficace.

L'image de la désertification

Dans la diffusion du récit sur la désertification, les images ont joué un rôle de premier plan. Dans le cadre des analyses sur le discours environnemental, divers éléments discursifs ont été examinés depuis l'émergence de ce domaine au début des années 1990, avec des récits et métaphores comme outils rhétoriques occupant un rôle central (Hajer 1995, Dryzek 1997, Adger *et al.* 2001).

De plus, les images (dessins, photographies, cartes) sont souvent employées comme des types d'outils rhétoriques non verbaux. Büscher (2016) désigne l'usage croissant des médias sociaux par les organisations environnementales, ce qui a rapidement modifié l'économie politique de la conservation et mené à une réinvention des relations entre la nature et la nature humaine. Ces nouvelles relations comprennent l'aliénation par rapport à la nature combinée avec un engagement à distance par l'usage des nouveaux médias, comme les sites internet, les blogs, les vidéos, les photos, les textes et les forums en ligne. Par exemple, Igoe (2017) a étudié l'usage de photographies et vidéos romantisées et spectaculaires en ligne montrant la faune et la vie sauvage en Afrique aussi bien pour vendre des safaris qu'à des fins d'intervention pour la conservation, mais qui aboutissent au contraire à l'aliénation et au fétichisme de la marchandise (voir le chapitre 5 à ce sujet).

Cependant, le présent chapitre ne porte pas sur ce qui est romantisé et subséquemment accaparé et marchandisé pour une consommation externe, mais sur ce qui est démonisé afin d'être accaparé par des usages des terres en compétition. Néanmoins, ces deux tropes opposés peuvent aussi être combinés, comme dans le cas de la vie sauvage africaine romantisée mise en parallèle avec les affirmations que le surpâturage représente une menace sur cette même vie sauvage.

Dans les analyses du discours effectuées dans le cadre des études sur l'environnement et le développement ainsi qu'en écologie politique, l'approche des analyses des récits opérée par Emery Roe avec l'accent sur les récits de crise a exercé une grande influence (Roe 1991, 1999). Roe s'intéresse tout spécialement aux arguments et pistes d'action des récits. En plus de tels scénarios, les récits contiennent toute une galerie d'acteurs, tels les héros, les truands et les victimes archétypiques (Svarstad 2009). Les récits sont des histoires qui ont un début, un milieu et une fin, ou, quand il prend la forme d'une argumentation, des prémisses et des conclusions. Selon Roe (1999, p. 6),

> les récits de crise sont les outils primaires au moyen desquels les experts en développement et les institutions pour lesquelles ils travaillent clament leurs droits d'intendance sur des terres et des ressources qui ne leur appartiennent pas. En générant et faisant appel à des récits de crise, les experts techniques et les managers s'arrogent des droits en tant que « parties prenantes » sur les terres et les ressources qu'ils ont déclarées en crises.

Dans un contexte de développement, cela signifie que les récits de crise dépeignent les populations marginalisées comme les méchants (et généralement aussi comme victimes de leur propre mauvaise gestion), alors que les experts externes, associés aux politiques nationaux, sont présentés comme les héros qui apportent des solutions. C'est ainsi que les États et autres puissants acteurs exploitent de tels récits pour s'emparer du pouvoir sur des terres et des ressources naturelles aux dépens de leurs utilisateurs coutumiers (Leach & Mearns 1996, Stott & Sullivan 2000, Bassett & Zuéli 2000, Adger *et al.* 2001).

Pour conceptualiser l'impact des images dans les récits environnementaux, on peut faire appel aux travaux classiques de Roland Barthes. Barthes (1961 [1977]) articule la communication visuelle en deux niveaux distincts : la dénotation (signification littérale d'une image) et la connotation (valeur sociale communiquée par une image). Il ajoutait que l'image et le texte sont intimement connectés et que l'image n'illustre pas forcément le texte, mais bien souvent le contraire. En effet, la caption est notamment comprise dans la dénotation.

Plus tard, Barthes (1972) ajouta un troisième niveau, qui réfère aux idées idéologiques basées sur l'histoire qui sont évoquées par une image. Le mythe est un discours dépolitisé qui « a pour tâche de fournir une justification naturelle à une intention historique, et de faire que le contingent apparaisse comme éternel » (Barthes, 1972, p. 254). Il est cependant souvent difficile, en pratique, de distinguer ces trois niveaux de signification, car l'interprétation varie selon le contexte culturel et aussi en raison du fait que ces niveaux peuvent se chevaucher dans une certaine mesure (Chandler 2017). Néanmoins, les images si souvent montrées de terre craquelée (figure 2.1) peuvent sans doute servir d'exemple. La signification dénotative de ce type d'image est simplement un paysage aride au sol craquelé, sa signification connotative référant à une nature menacée de surexploitation, alors que sa signification mythique sera reliée à l'idée historiquement fabriquée de désertification.

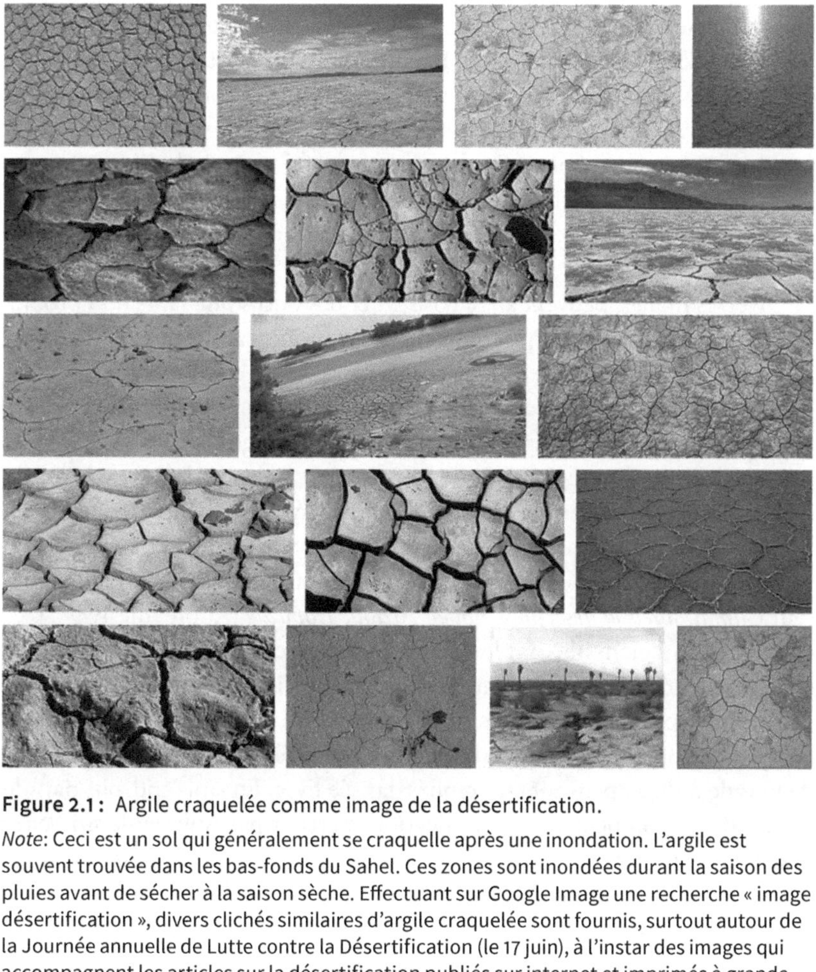

Figure 2.1 : Argile craquelée comme image de la désertification.

Note: Ceci est un sol qui généralement se craquelle après une inondation. L'argile est souvent trouvée dans les bas-fonds du Sahel. Ces zones sont inondées durant la saison des pluies avant de sécher à la saison sèche. Effectuant sur Google Image une recherche « image désertification », divers clichés similaires d'argile craquelée sont fournis, surtout autour de la Journée annuelle de Lutte contre la Désertification (le 17 juin), à l'instar des images qui accompagnent les articles sur la désertification publiés sur internet et imprimés à grande échelle dans les médias.

Les clichés de terre craquelée de la figure 2.1 constituent une image symbolique qui transmet efficacement l'idée de désertification porteuse d'associations variées pour leurs spectateurs, selon leurs connaissances et leur histoire. Mais, pour la plupart des observateurs, ces photographies généreront l'idée d'un envahissement du désert (en Afrique) causé par une mauvaise gestion locale, le dérèglement climatique ou une combinaison des deux.

Les mythes vont au-delà de la connotation, car ils sont tenus pour acquis et donc pas questionnés. Ainsi, les mythes ont beaucoup en commun avec les récits de crise qui, eux aussi, résistent aux savoirs empiriques qui contredisent leur scénario (Roe 1999). Comme Barthes le fait remarquer, les mythes sont des histoires dépolitisées qui œuvrent à dissimuler la fonction idéologique des images. Sur la figure 2.1, l'idéologie cachée serait une vision eurocentrée, malthusienne et néocoloniale des paysages africains et de leurs usagers, contribuant ainsi à justifier l'emploi de mesures sévères pour stopper la désertification : amendes, restrictions d'utilisation, voire, parfois, usage de la violence.

Diverses images peuvent aussi constituer des outils puissants de « problématisation » (Li 2007) du pastoralisme autochtone, tandis que des mesures techniques, comme la réglementation des capacités de charge ou la plantation d'arbres, sont présentées comme des solutions, bien qu'elles puissent mener pour les pasteurs à une dépossession de leurs pâturages.

Aubréville (1949) représente une expression précoce de la méthode de description les changements historiques du paysage sahélien (Figure 2.2). Il se contenta de dessiner les changements qu'il affirmait en cours.

La figure 2.2 est un exemple de dessin introduit dans son ouvrage fondateur *Climat, forêts et désertification en Afrique tropicale* (Aubréville 1949). Ces dessins prétendaient illustrer les changements en cours dans les écosystèmes de la forêt et de la savane à cette époque. Aubréville considérait à l'évidence ces dessins comme importants pour transmettre son message au sujet des écosystèmes menacés par les pratiques locales d'exploitation des terres. Ils sont de grande taille et peuvent être repliés dans le livre. En trois endroits dans le bas du dessin, on peut voir les indications perçues par Aubréville sur l'effet destructeur des feux de brousse. Néanmoins, à cette époque, la désertification n'avait pas encore atteint le niveau du mythe, bien qu'Aubréville ait été un des premiers contributeurs intellectuels influents à établir la désertification comme une menace environnementale symbolique.

Quand une idée d'assèchement ou de désertification anthropiques est évoquée dans les médias internationaux ou les organisations de développement, les photos symboliques de terre craquelée (Figure 2.1) sont couramment utilisées, ou alors on montre une dune de sable menaçant d'enfouir un arbre ou un jardin cultivé. La présentation de tels tropes picturaux est rarement précise en matière de localisation, du fait que les séries de relevés chronologiques d'aires spécifiques tendent à soutenir le contre-récit du verdissement. Alors que de telles images œuvrent à fournir des exemples visuels des dégradations en cours, elles demeurent paradoxalement des représentations abstraites, qui ne peuvent pas être localisées dans l'espace et le temps. Le contexte géographique et historique de ces images est donc rarement fourni à leur public.

Ces images de désertification servent couramment à justifier la lutte continuelle contre un processus imaginaire par le biais de collectes de fonds pour des projets de plantation d'arbres à grande échelle, telle la Grande Muraille Verte en Afrique (chapitre 5). Les images d'arbres verts plantés dans le désert conservent encore assez de pouvoir visuel pour résonner largement dans les médias internationaux. La mission connotative de ces images est de communiquer que la science et les principes modernes de durabilité, en général introduits par des experts étrangers ou externes, peuvent sauver l'environnement de la surexploitation et du désastre.

La BBC, par exemple, peut rapporter que « nombre des problèmes économiques et sociaux que rencontre le Sahel peuvent être reliés à un processus appelé désertification » et que

> le surpâturage et la déforestation sont les causes premières de désertification et ont réduit de vastes surfaces du Sahel en poussière. Cependant, un programme ambitieux de boisement connu comme la Grande Muraille Verte vise à renverser ce processus (BBC 3 mai 2013).

La plantation d'arbres est donc devenue la panacée universelle pour résoudre les problèmes du Sahel. La BBC se demande même si un tel boisement à grande échelle pourrait contribuer à une amélioration de la sécurité dans la région et saper les bases de recrutement pour les groupes armés « terroristes » ou « djihadistes ». Cette croyance en la désertification comme une des causes de l'insécurité actuelle au Sahel est fréquemment évoquée dans les médias populaires et les documents politiques (y compris dans un documentaire produit par le projet de Grande Muraille Verte).

La mise en place de murs de verdure devient donc un moyen de dépolitiser et de « rendre technique » (Li 2007) un problème profondément politique de gouvernance et d'accès aux terres et aux ressources naturelles. Par conséquent, les images mythiques de désertification montrant du doigt l'exploitation locale des pâturages contribuent à justifier la dépossession des pasteurs par le biais de projets agricoles à grande échelle ou de programmes de boisement.

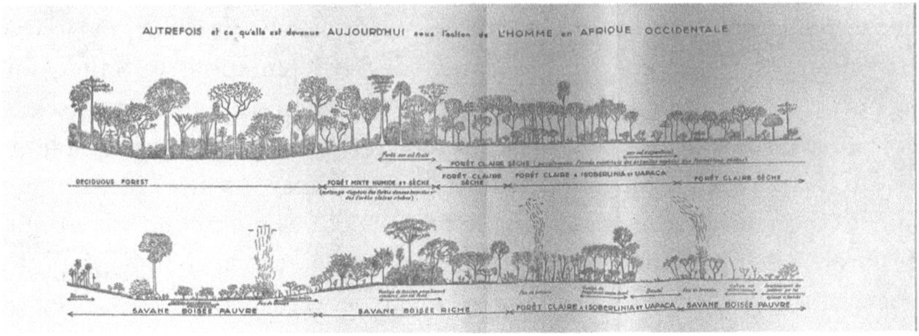

Figure 2.2 : Illustration des paysages forestiers en Afrique occidentale selon Aubréville (1949).

Note: Paysages forestiers du passé (en haut) et du présent (en bas) comme résultat de dégradations anthropiques en Afrique occidentale.

Source: Aubréville (1949). Toutes les tentatives raisonnables ont été faites pour contacter le détenteur des droits d'auteur, mais sans succès.

Gouvernance forestière

Le Service Forestier est au centre de la perception négative par les populations rurales des services de l'État et de la corruption depuis plusieurs décennies. Durant la période d'intérêt international grandissant pour la « désertification » comme problème environnemental mondial, surtout au Sahel, après les sécheresses des années 1970 et 1980, le Service Forestier du Mali reçut un mandat étendu en plus de fonds (Benjaminsen 1993, 2000, Ribot 1995). On pensait qu'un tel mandat était nécessaire en raison d'un récit largement partagé sur la crise du bois au Sahel, qui exigeait une attention urgente (par ex. : Eckholm *et al.* 1984). Ce récit était en position de force également au Mali dans les années 1980 et 1990, par exemple, par la voix de la Direction Nationale des Eaux et forêts (1985). Ce récit mettait l'accent sur l'écart grandissant entre des ressources en baisse et une demande croissante de bois combustible. Le projet TransEnerg, financé par la France, par exemple, prévoyait que toutes les réserves de bois autour de Bamako seraient épuisées autour de 1990 (Bertrand *et al.* 1984).

Ce récit fut cependant mis en question par des études empiriques effectuées au Sahel et autres aires arides africaines (Leach & Mearns 1988, Cline-Cole *et al.* 1990, Benjaminsen 1993, 1997). L'impact de la collecte de bois combustible dans les aires forestières est difficile à estimer. D'abord, une part importante du bois collecté provient de terres défrichées pour la culture. Ensuite, une autre part significative du bois consommé provient d'arbres morts, ce qui est particulièrement le cas dans le nord du Sahel, où la sécheresse avait conduit à une mortalité accrue de la végétation ligneuse, ce qui améliora l'accès des populations au bois combustible à court et moyen terme (Benjaminsen 1996). Plus au sud, même les aires plus densément peuplées et plus intensivement exploitées, telle la zone cotonnière du sud Mali, environ la moitié de l'énergie domestique consommée provenait de bois mort au milieu des années 1990 (Benjaminsen 1997). Et même si les zones urbaines s'approvisionnent cependant principalement en bois combustible en provenance de bois vert, Gautier *et al.* (2013) ont conclu qu'aucune pénurie d'approvisionnement n'a encore pu être observée.

Les conséquences des idées influentes sur la désertification, associée à celle d'une crise de bois combustible, furent une approche descendante (top-down) basée sur des amendes infligées aux populations pour des activités considérées comme menant à la destruction de l'environnement et à la désertification. Ceci signifiait souvent la verbalisation de femmes, car elles collectaient du bois sec pour leur foyer et ne possédaient pas de cuisinière à bois économe. Les pasteurs, qui n'ont en général pas de problèmes pour trouver du bois mort pour la cuisine, furent, à partir des années 1980 notamment, harcelés par des agents forestiers armés qui visitaient les camps nomades et verbalisaient les gens pour diverses raisons (par ex. : collecte de bois de chauffage ou de bois pour l'artisanat, ou ne possédant pas de cuisinière à bois économe où foyers améliorés) (Benjaminsen 1993).

À cause de ces pratiques, les agents forestiers devinrent une menace constante pour les populations rurales et leur mode de vie à travers tout le pays, incitant les gens à considérer les agents du Service Forestier non comme des défenseurs de la nature, mais comme des prédateurs (Sanogo 1990). Les agents forestiers avaient le droit de garder pour eux une partie des amendes officielles auxquelles ils condamnaient les gens, en plus de toutes les amendes qu'ils collectaient officieusement et sans reçu, ce qui attisait leur appât du gain et conduisit le Service Forestier à devenir le véhicule d'une « piraterie décentralisée à travers le pays » (Poulton & Ag Youssouf 1998, p. 27), ce qui mena les forestiers au sommet de la liste des personnes les plus haïes par les populations rurales.

Au Mali, le Décret Forestier de 1935 fut révisé en 1968, avec des changements mineurs, puis de nouveau en 1986. L'ancien président, Moussa Traoré, qui s'empara du pouvoir en 1968 par un coup d'État et le perdit lors d'émeutes et d'un nouveau coup d'État, 23 ans plus tard, en 1991, devint, durant l'émergence du mouvement pour l'environnement des années 1980, un « environnementaliste » convaincu. Afin d'impressionner les bailleurs et les organisations environnementales et d'attirer davantage d'aide pour l'environnement vers son pays, il rendit le Décret Forestier plus sévère en 1986 (Ribot 1995). Furent introduites des amendes extrêmement élevées pour le niveau de revenu au Mali.

Le Décret Forestier de 1986 interdisait aussi l'usage des feux de brousse. Si les forestiers découvraient de la végétation brûlée dans des terres villageoises, le village risquait une amende collective d'environ 1 000 US$. Certains villages dépendaient tellement des feux de brousse qu'ils préféraient payer l'amende plutôt que d'arrêter de brûler.

Dans le sud du Sahel, les feux de brousse font partie intégrante de la gestion traditionnelle des pâturages (Laris 2002). Les paysans commencent en général un cycle annuel de feux de brousse tôt durant la saison sèche pour fragmenter le paysage afin de prévenir des feux ultérieurs qui pourraient endommager l'environnement local, ce qui crée une mosaïque saisonnière de parcelles d'habitat qui améliore la variété durable des usages de la terre (Laris 2002).

Laris (2002, p. 155) affirme également que le discours dominant sur la savane africaine en feu

> exagère les aspects écologiques préjudiciables des feux, mais néglige leurs aspects bénéfiques, ce qui produit des politiques erronées représentant une menace pour le mode de vie humain et les écosystèmes de la savane.

Les populations rurales considèrent donc que les feux de brousse à divers moments de l'année sont avantageux pour la brousse et les graminées vivaces.

Au nord du Sahel, cependant, les populations n'emploient pas les feux de brousse pour leur gestion des pâturages, car le couvert herbeux est principalement constitué d'espèces annuelles (Benjaminsen 2000).

Ce savoir traditionnel sur l'emploi des feux de brousse a pourtant été négligé par le Décret Forestier. Le président Traoré a même fait de la lutte contre les feux de brousse un de ses chevaux de bataille. Ironiquement, la colline de Koulouba, où se trouve le palais présidentiel, était mise à feu chaque année à la fin de la saison des pluies. Éclairant le ciel nocturne et vu de toute la capitale, ce feu représentait une protestation claire contre la politique environnementale de Traoré (Benjaminsen 2000).

Le Décret Forestier de 1986 exigeait de chaque ménage qu'il acquiert une cuisinière soi-disant améliorée pour économiser le bois. Cette exigence était basée sur l'idée que l'emploi du bois pour la cuisine, représentant environ 90 % de la consommation énergétique totale au Mali, constituait une menace pour les forêts. À partir du mois de mars 1987, les gens qui n'étaient pas équipés d'une telle cuisinière risquaient une amende d'environ 15 US$. Pour une grande partie des populations rurales, un tel investissement dans une cuisinière était inutile, car ils avaient bien assez de bois morts et de branches (Benjaminsen 2000). De plus, il n'était pas possible de déplacer la plus commune et la moins chère des cuisinières économes en bois, car elle était en argile. Ce type de cuisinière n'est plus pas très durable non plus et s'effondre à chaque saison des pluies. Il donne aussi moins de lumière et de chaleur durant les fraîches nuits d'hiver du Sahel du Nord, car, pour être efficace, la cuisinière doit s'adapter étroitement autour du récipient.

Ceux qui gagnèrent à ces lois sévères étaient les agents du Service Forestier, qui avaient les amendes comme principale source de revenu (Benjaminsen 1993), puisqu'il leur était permis de garder pour eux un certain pourcentage de l'argent collecté.

De plus, il y avait des amendes qui n'étaient jamais enregistrées officiellement. Ainsi, il devint lucratif d'être un forestier employé par l'État. Comme nous allons le voir dans le chapitre 3, la gouvernance forestière cruelle, renforcée par un soutien international dans le domaine du développement durable dans les années 1980, constitue la colonne vertébrale de la condamnation générale des administrateurs prédateurs, ce qui a facilité le recrutement des populations rurales par les groupes djihadistes.

Notes

1 Le tout premier texte de loi traitant de l'exploitation des forêts et produits de la forêt dans la partie française du Sahel fut le décret du 20 juillet 1900 pour le Sénégal et dépendances. Il attribuait des droits d'usage restreints aux populations autochtones leur permettant de collecter des noix et du bois, de chasser et d'utiliser les aires forestières comme pâturages. Cependant, si l'utilisation des ressources compromettait « la richesse de la forêt », le Gouverneur pouvait prendre les mesures nécessaires de protection et d'interdiction (article 23). À part ces droits d'usage restreints, le décret introduisait des permis d'extraction commerciale de produits forestiers et des amendes pour infractions aux règles.

2 *Journal Officiel de l'Afrique Occidentale Française*, 3 août 1935, pp. 611-618.

3 Rapporté dans le *Journal Officiel de la République Française*, 3 février 1913.

Pastoralisme, économie morale de la résistance et djihadisme

Le pastoralisme comme stratégie de subsistance

Le pastoralisme est une stratégie de subsistance majeure dans tout le Sahel. Il s'agit d'un système d'élevage extensif où l'on fait paître les animaux souvent sur de longues distances, ce dans quelques-uns des environnements les plus isolés et retirés de la planète. Globalement, les pasteurs mobiles comptent environ 200 millions de ménages et utilisent 25 % de la superficie totale des terres (Dong 2016).

Les pasteurs opèrent dans des environnements en déséquilibre, instables, fluctuants et incertains. Ces environnements sont davantage déterminés par les variations climatiques que par les quantités de bétail et la pression du pâturage (Behnke *et al.* 1993). Des exemples caractéristiques en sont les aires de pâturage des tropiques arides (Sandford 1983, Turner 1993, Sullivan & Rohde 2002, Benjaminsen *et al.* 2006, Hiernaux *et al.* 2016) et les pâturages de l'Arctique (Behnke 2000, Benjaminsen *et al.* 2015, Marin *et al.* 2020).

Les stratégies pastorales tournent autour des principes de flexibilité et d'adaptation aux conditions climatiques fluctuantes durant les diverses saisons et surtout des variations environnementales et climatiques d'une année sur l'autre. Du fait de leur utilisation extensive des terres, les pasteurs ne revendiquent pas et n'ont pas besoin de droits de propriété sur les terres, ils dépendent davantage de droits d'accès ou d'usage à certaines périodes de l'année. Dans de nombreuses aires pastorales, surtout le long des voies migratoires, l'usage des terres recoupe celui d'autres usagers avec lesquels il faut coopérer. Dans certaines zones, telles certaines parties du Sahel, cette coopération a été imposée par la menace de violence, les pasteurs ayant dominé militairement les paysans. Quand la coopération échoue ou que la domination militaire prévaut, alors émergent des conflits (chapitre 4).

À travers les générations, les pasteurs ont acquis l'expérience et les connaissances qui leur permettent de faire face à l'incertitude et à la variabilité, principalement en recourant à une approche mobile et flexible (Krätli & Schareika 2010). Grâce à cette mobilité et cette flexibilité, les pasteurs sont mieux à même de s'adapter à un climat changeant que les autres utilisateurs des terres (Davies & Nori 2008, Krätli & Schareika 2010, Jones & Gutzler 2016).

Leur mode d'élevage est considérablement moins vulnérable à l'impact du climat que les autres formes d'élevage, particulièrement la stabulation et le ranch. Le pastoralisme sahélien peut, par exemple, être considéré comme neutre en carbone (Assouma *et al.* 2019). Les politiques de sédentarisation des pasteurs en villages et de limitation de leurs migrations peuvent donc mener à une dégradation des terres et à une augmentation de l'émission de gaz à effet de serre.

L'État moderne a bien tenté de sédentariser les pasteurs et de restreindre leurs déplacements à l'intérieur de limites bien définies, sous prétexte que leur usage des terres ne serait ni écologiquement durable ni économiquement productif. L'État a aussi tendance à considérer les usages des pasteurs comme désordonnés et inintelligibles (Scott 1998), car les migrations ne conviennent pas à la forme moderne d'organisation étatique. Il est difficile de taxer et de contrôler les pasteurs et aussi d'adapter à leur mobilité certains services comme la scolarité et les soins, ce qui a eu pour conséquence que les cultures, modes de vie et usage des terres pastoraux ont été sous pression durant de nombreuses décennies de la part d'une modernité sédentaire en pleine expansion.

En outre, les pasteurs constituent généralement une minorité dans les pays où ils vivent et ont été par conséquent particulièrement exposés à la marginalisation et à la privation de leurs droits. Occupant des zones reculées qui, pour des raisons historiques, tendent à se trouver là où passent des frontières internationales, ils représentent parfois, ou sont représentés comme tels, une menace pour l'intégrité de l'État moderne.

De plus, de nouvelles pressions s'exercent sur les régions rurales en général et les terres pastorales en particulier, en raison de la confluence de plusieurs tendances mondiales. 1) La hausse des prix des produits alimentaires en 2007-2008 a amené d'importants investisseurs internationaux à « redécouvrir » le secteur agricole, ce qui a eu pour conséquence une pression accrue sur les pâturages des zones arides et la conversion de ces pâturages en terres agricoles, surtout dans les cas où il y avait de l'eau pour irriguer. 2) La hausse des prix de l'énergie a mené à une conversion des pâturages en zones de production de biocarburant. 3) Les projets d'atténuation du dérèglement climatique sous forme de boisement ont également conduit à chasser les pasteurs des terres pastorales. 4) La hausse des prix de certains minéraux, tels le cuivre et l'or, ainsi que des combustibles fossiles, a engendré des projets d'ouverture de nouvelles aires d'exploitation. 5) La multiplication des initiatives de conservation de la biodiversité dans la « nature sauvage » reculée, qui a considérablement et historiquement contribué à déplacer les pasteurs et à leur infliger un traitement injuste (par ex. : Brockington 2002), continue à provoquer l'expulsion des pasteurs dans certains cas spécifiques contemporains, souvent par le biais de l'introduction de « l'écotourisme » (Benjaminsen & Bryceson 2012).

Au Sahel, c'est principalement la pluie qui décide si les pâturages seront abondants ou non pendant l'année. Mais même durant les bonnes années, les pasteurs dépendent de leurs déplacements vers les zones où l'eau et les pâturages sont disponibles.

En plus de se déplacer, la plupart des pasteurs sahéliens choisissent de répartir les risques en diversifiant leur troupeau (chèvres, moutons, vaches, dromadaires), car il est périlleux de mettre tous ses œufs dans le même panier dans les régions arides. Chaque race animale a ses propres besoins en matière d'eau et de pâture. Les gens qui dépendent des ressources naturelles dans de telles régions arides ont donc appris que la seule certitude est l'incertitude (Berge 1999).

Les pasteurs sahéliens se sont cependant, depuis des décennies, plaints d'une perte continuelle d'accès aux pâturages de saison sèche et aux couloirs à bétail. Ce processus a été facilité par un discours politique généralement négatif autour du pastoralisme sahélien parmi les gouvernements et les organisations d'aide (Thébaud & Batterbury 2001, Pedersen & Benjaminsen 2008).

Le gouvernement colonial français sentait aussi qu'il était important de sédentariser les pasteurs, non seulement pour des raisons de contrôle administratif ou écologique, mais plus généralement pour promouvoir le développement.

Ce point de vue est clairement exprimé dans le Décret Forestier de 1935, qui distingue les « terres où de la valeur a été ajoutée » et les terres « vides » ou

« vacant sans maître ». Les terres cultivées faisant partie de la première catégorie, les paysans jouissaient de droits sur les terres cultivées et sur les friches non exploitées durant moins de 5 ans. Le Mali du Sud, fertile et productif, était décrit comme « le Mali utile » par les Français. Les pâturages et les forêts, d'un autre côté, étaient définis comme terres inexploitées sur lesquelles n'était reconnu aucun droit d'usage.

Pour des raisons administratives et écologiques, le gouvernement colonial traça des lignes de partage dans les districts, afin que chaque groupe de pasteurs et chaque village disposent de leur propre territoire où ils étaient obligés de se tenir. Les Français tracèrent des frontières territoriales de façon à ce que les pasteurs soient privés d'accès aux ressources clés. L'objectif était d'affaiblir militairement les pasteurs et de réduire les risques de résistance armée. Ces frontières étaient aussi censées empêcher les divers groupes de pasteurs d'être trop proches les uns des autres ou des villages, visant ainsi à prévenir conflits et pillages. Il était interdit aux pasteurs de traverser les frontières sans autorisation de l'administration coloniale (Berge 1999).

Selon leur propre justification, les Français colonisaient pour civiliser. Dans les archives coloniales, une expression revient constamment : « la mission civilisatrice de la France ». Réduire frictions et conflits entre groupes ethniques par le biais du contrôle administratif était considéré comme un élément central de cette mission.

En plus de se déplacer et de répartir les risques, les variations dans l'accessibilité des pasteurs aux pâturages et à la nourriture sont atténuées par le stockage. Tandis que les paysans basent leur adaptation sur le stockage des graines d'une récolte à l'autre, les pasteurs sahéliens « stockent » en possédant des troupeaux plus grands que ce dont ils ont besoin dans l'immédiat, en vue de pouvoir vendre des bêtes sur les marchés ou d'échanger des animaux contre des graines avec les paysans durant les périodes sèches de l'année.

Les experts externes ont souvent estimé que les pasteurs devraient vendre leurs bêtes quand elles sont grasses et que les prix en sont élevés, plutôt que d'attendre la saison sèche. Mais les pasteurs attendent souvent pour vendre leurs bêtes qu'ils aient un besoin spécial d'argent, par exemple en cas de maladie dans la famille. Quand ils vendent des bêtes, ils préfèrent souvent le surplus sous forme d'objets légers par rapport à leur valeur, tels des bijoux.

En outre, la contribution du pastoralisme à l'économie nationale au Sahel est souvent incomprise. Au Mali, le bétail exporté aux pays côtiers voisins était pendant de nombreuses années le second produit d'exportation après le coton. Ces dernières années, il est tombé à la troisième place après l'or et le coton.

En fait, les terres arides sahéliennes ont un avantage comparatif en matière de production de bétail, mais cet avantage dépend de la possibilité de se déplacer entre les prairies bien arrosées de la saison humide dans la savane et les pâturages humides de la saison sèche. Les recherches sur l'alimentation humaine dans la région de Tombouctou ont aussi montré que les enfants des nomades spécialisés sont mieux nourris que ceux des paysans du nord du Mali et sont au niveau des enfants des aires agricoles plus productives des zones méridionales du pays (Hatløy 1999). Enfin, il est important de noter que le travail tend encore à être un facteur minime des systèmes agraires sahéliens, malgré un taux de fertilité humaine élevé. Il est donc souvent difficile pour les pasteurs spécialisés de combiner l'élevage et l'agriculture, car pour l'élevage du bétail, en tant que mode de vie, il est nécessaire de pouvoir se déplacer rapidement vers là où les pâturages sont disponibles. Combiner les migrations pastorales et l'agriculture exige une force de travail plus importante que la plupart des ménages du nord du Sahel peuvent apporter (Pedersen & Benjaminsen 2008). Une telle rareté du travail trouvait sa solution dans le passé par l'emploi d'esclaves pris parmi la population sédentaire des paysans.

Malgré une certaine rareté du travail, la combinaison de l'agriculture et du pastoralisme, dans le cadre des adaptations pastorales, est commune plus au sud du Sahel. Mais les migrations sont alors courtes, sauf dans les ménages plus importants ou plus aisés qui peuvent louer les services de pasteurs.

Économie morale

Les pasteurs ont, depuis 2012, continué à rejoindre les divers groupes djihadistes au Sahel et tendent à constituer la majorité de leurs membres (Benjaminsen & Ba 2019). Ils sont en général sensibles au discours propastoral, antiétatique et anti-élite en cours parmi les leaders djihadistes. Depuis plusieurs décennies, la population rurale, et surtout les pasteurs, est de plus en plus épuisée et dégoûtée par l'État prédateur et corrompu qui s'enrichit sur le dos de la paysannerie. De plus, le modèle de développement imposé par l'État et l'industrie de l'aide ne répond pas aux priorités des pasteurs et les dépossède graduellement, au contraire, de l'accès aux couloirs à bétail et aux pâturages de saison sèche.

Parmi les exemples de recherche de profit, on compte la non-résolution de conflits territoriaux en raison du fait que les administrateurs et les juges ont été payés par les deux parties en présence pour appuyer leur plainte, ce qui mène à un manque d'adjudication (Benjaminsen & Ba 2009), en plus des pratiques présentées dans le chapitre 2, par exemple verbaliser au hasard des femmes ramassant du bois de chauffage et des pasteurs faisant paître leur troupeau. Le résultat de ce sentiment anti-gouvernement grandissant est que de nombreux jeunes hommes du Mali central, surtout les pasteurs peuls, ont rejoint divers groupes armés étiquetés comme « djihadistes ».

Si le récit sur le dérèglement climatique et les conflits conserve une place dominante dans les débats politiques et médiatiques et que le Sahel est souvent présenté comme un exemple caractéristique du lien prétendu entre dérèglement climatique et conflits (comme on l'a vu dans le chapitre 1), la recherche empirique sur le Sahel tend à mettre en question ce récit et à montrer que les principales causes de conflits au Sahel sont associées en général aux politiques de l'État qui marginalisent les pasteurs.

Ceci signifie que si le dérèglement climatique et la croissance démographique peuvent être pertinents dans certains cas pour expliquer les luttes pour les terres et les ressources naturelles, les facteurs politiques fournissent souvent des explications historiques plus profondes des conflits violents. Avec la situation actuelle complexe du Sahel du point de vue politique et sécuritaire, on peut affirmer que le contexte contemporain « se venge » des explications simplistes (Olivier de Sardan 2021a) par la subtilité des coups d'État militaires, les changements d'alliances des djihadistes ou autres, les protestations anticoloniales autant que par la dynamique du dérèglement climatique et les variations environnementales en lien avec les usages locaux des terres.

Pour explorer plus avant le contexte sahélien, le présent ouvrage chausse les lunettes de « l'économie morale » pour voir plus clairement les valeurs et l'éthique en jeu parmi les individus décidant de rejoindre les groupes djihadistes. Dans une des premières contributions dans le champ de l'écologie politique qui émergea dans les années 1980, Watts (1983) analysa l'économie morale dans les communautés paysannes du Sahel (au Nigéria du Nord). Il s'agit d'écologie politique dans sa version matérialiste classique, avec ses racines dans les études paysannes néomarxistes des années 1960 et 1970, modèle de littérature dont s'inspire le présent ouvrage.

Dans une veine similaire, Neumann (1998) ancra son étude dans l'analyse de l'économie morale au sein du cadre combiné de l'écologie politique et des études paysannes. Plus spécifiquement, il étudia l'économie morale parmi les villageois expulsés de parc national d'Arusha, en Tanzanie, et dont l'usage des terres est encore impacté négativement pas le parc. Neumann se concentra sur le sens de la justice parmi les villageois, qui tourne autour des droits à la subsistance et à l'usage traditionnel des terres. Il compara les lois et les politiques ainsi que la violence des gardiens du parc avec les standards normatifs de l'économie morale locale. La résistance locale aux lois et pratiques de l'État était cependant largement passive et non-violente en tant qu'« armes des faibles » (Scott 1985), plutôt qu'ouvertement violente, comme c'est actuellement le cas au Sahel.

Plus récemment, cependant, l'économie morale a largement disparu comme centre d'intérêt des études sur l'écologie politique des terres et des environnements en Afrique ainsi que de la recherche sur les conflits fonciers au Sahel (avec Turner [2004] et Nwankwo [2023] comme exceptions notoires).

Le présent ouvrage représente une tentative de revenir à de telles contributions à l'écologie politique et aux études paysannes en chaussant les lunettes de l'économie morale pour accéder à une meilleure compréhension la complexité et surtout le sens de l'injustice qui mène nombre de pasteurs à rejoindre les groupes djihadistes.

Le terme d'« économie morale » fut inventé par l'historien marxiste anglais E.P. Thompson dans son étude des rébellions paysannes du XVIIIe siècle en Angleterre (Thompson 1971). Son point de départ était une critique de l'approche historique courante qui, selon lui, ne prenait pas au sérieux l'action des gens ordinaires. Selon lui, on a tendance à ne pas considérer ces derniers comme des agents historiques et leurs actions sont souvent comprises comme de simples réponses à des stimuli extérieurs. Il suffit de mentionner une mauvaise récolte ou un ralentissement du commerce « et toutes les exigences d'une explication historique sont satisfaites » (p. 185), écrit-il.

Aujourd'hui on pourrait ajouter « la sécheresse » ou « la hausse des températures » comme des exemples de stimuli extérieurs utilisés comme explication du comportement humain, ainsi que le dérèglement climatique, souvent interprété comme le moteur des migrations et des conflits au Sahel.

En outre, Thompson trouvait paternaliste « la rébellion des ventres » – l'idée que les rébellions paysannes étaient causées par des prix élevés des produits alimentaires ou simplement par le chômage. Il est évident que les gens sont plus enclins à protester quand ils ont faim, mais concentrer l'analyse sur ce seul aspect est réductionniste et reflète une vision étroite d'homo œconomicus. La question intéressante est comment tradition, culture et raison modifient les comportements sociaux, qui ne peuvent pas être réduits à des réactions à des stimuli extérieurs hors contexte, explique Thompson.

Afin de comprendre les rébellions – à l'inverse des visions réductionnistes – on doit comprendre les motivations des gens et leur sens de la justice dans le cadre de l'économie morale. Dans l'histoire européenne depuis le XVe siècle au moins, les menaces sur cette économie morale, en général par le biais de la privatisation des terres et ressources communales, ont provoqué de nombreuses révoltes paysannes, plus ou moins locales (Thompson 1971, Federici 2004, Angus 2023).

Dans les études paysannes, nées dans les années 1960, les paysans des temps modernes ont été considérés comme de petits paysans, mais les pasteurs et les agropasteurs étaient aussi considérés comme des paysans (Chayanov 1966 [1925]). Même si les paysans sont conçus comme partiellement intégrés au marché, faisant ainsi partie du système capitaliste, une unité paysanne n'est pas une unité capitaliste de production à part entière, car elle opère selon sa propre logique complexe, avec des incitations marchandes et non marchandes comme moteur de changement dans l'usage des terres (Ploeg 2013). Le travail paysan, par exemple, est souvent exercé par des membres de la famille et non en échange d'un salaire. C'est pourquoi, en lien avec ce que Chayanov appelle « une auto-exploitation », les fermes paysannes tendent à être plus compétitives que les fermes capitalistes. Quand les fermes capitalistes font faillite, les paysans des mêmes zones peuvent travailler plus longtemps et vendre meilleur marché (Ploeg 2013). Les paysans peuvent également mettre à contribution des terres plus marginales que les fermes capitalistes, exploitant les terres de manière plus intensive et ajoutant de la force de travail dans chaque parcelle de terre, ce qui donne des rendements plus élevés.

Les études paysannes se sont, plus récemment, transformées en « études agraires critiques », les « questions agraires » impliquant d'autres acteurs que les paysans. Les études agraires critiques se concentrent sur la manière dont la vie agraire et les modes de vie façonnent et sont façonnées par la politique, l'économie et le monde social moderne, tout en tentant d'expliquer les motivations et les comportements des paysans (Edelman & Wolford 2017).

Dans son étude sur les rébellions paysannes du Sud-est asiatique, Scott (1976) développe l'idée d'économie morale – la considérant comme une éthique de subsistance, car elle implique la perception du droit à une subsistance de base. Une menace sur ce droit crée une indignation morale ou une colère qui peut déboucher sur une rébellion. En outre, une économie morale est basée sur la notion de justice économique et d'exploitation. La colère n'est cependant pas suffisante pour générer une rébellion, elle consiste plus en dynamite sociale qu'en détonation, dit Scott.

> Une étude de l'économie morale des paysans nous informe sur ce qui les met en colère et sur ce qui est susceptible, toutes choses égales par ailleurs, de générer une situation explosive. Mais si la colère née de l'exploitation était suffisante pour déclencher une rébellion, la majeure partie du Tiers-Monde (et pas seulement lui) serait en flammes. L'éventualité que les paysans qui se considèrent comme exploités se rebellent dépend d'une foule de facteurs, comme les alliances avec d'autres classes, les capacités répressives des élites dominantes et l'organisation sociale des paysans eux-mêmes (Scott 1976, p. 4).

Alors que Scott (1976) ne se concentre pas sur de tels facteurs, ils sont au cœur de l'étude par Eric Wolf de six guerres paysannes au XXe siècle (Mexique, Russie, Chine, Vietnam, Algérie, Cuba) (Wolf 1969). La vision marxiste classique selon laquelle les paysans sans leader externe ne peuvent pas faire la révolution est défendue par Wolf. Les paysans dépendraient donc d'acteurs externes « pour défier le pouvoir qui les contraint » (Wolf 1969, p. 290).

Des variations de « l'accumulation primitive » ont précédé toutes les rébellions étudiées par Wolf. C'est un processus célèbre identifié par Marx dans le chapitre 27, volume 1 du *Capital* en tant qu'élément clé du développement du capitalisme (Marx 1976). Il utilise l'exemple du « mouvement des enclosures » qui eut lieu dans le nord de l'Angleterre principalement entre 1750 et 1850. Avant les enclosures, les terres agricoles étaient formellement la propriété des seigneurs des manoirs, mais les paysans locaux des villages et hameaux voisins avaient des droits d'usage sur ce qui en pratique était un bien commun. Ces droits étaient considérés comme des obstacles à la modernisation agricole ainsi qu'à l'extraction du charbon qui devenait une source d'énergie pour l'industrie naissante. De plus, le principal gain des enclosures résidait dans l'augmentation de la valeur des propriétés, permettant de majorer les loyers (Mingay 1997).

C'étaient d'habitude les seigneurs eux-mêmes qui prenaient l'initiative de ces enclosures ou privatisation des biens communs. Durant ces 100 ans, les enclosures d'environ 4 000 terres communes furent votées par le Parlement. Ces enclosures représentaient environ 20 à 25 % de la superficie des terres d'Angleterre et du Pays de Galles (Mingay 1997). C'était un comité de 3 commissaires qui était responsable de la subdivision de chaque terre commune. Un commissaire représentait le seigneur, un second le collecteur de la dîme (en général l'Église) et un troisième représentait les autres propriétaires collectivement (Mingay 1997).

Le résultat de ce processus fut que de nombreux villageois perdirent leur accès aux terres pour le pâturage ou les cultures et finirent comme réserve de travailleurs pour les nouvelles manufactures de coton qui surgirent rapidement autour de Manchester à la fin du XVIIIe siècle. La perte d'accès aux terres provoqua des résistances, par exemple sous forme de démolition des haies et clôtures (Angus 2023). Il y avait de plus une résistance formelle au Parlement, et durant la période 1730-1839, 26 % des décrets d'enclosure ne furent pas votés ou furent retirés (Mingay 1997).

La privatisation des terres communes eut pour effet combiné une accumulation de capital pour certains et une dépossession pour d'autres. Dans cet exemple classique de l'Angleterre, nombre de dépossédés furent employés dans les usines qui apparaissaient avec la révolution industrielle. Aujourd'hui, cependant, les dépossédés du Sud tendent à devenir des « populations surnuméraires ». Elles constituent une gêne et aucun emploi ne les attend dans l'industrie manufacturière, par exemple, car elles ne répondent pas aux besoins actuels du capital (Li 2010). De manière caractéristique, on trouve ces populations surnuméraires dans les prisons, les camps de réfugiés et les ghettos. Il existe toutefois une autre dynamique sur laquelle Li (2010, p. 69) met l'accent : là où « les lieux (ou les ressources qui s'y trouvent) sont utiles, mais pas les populations, la dépossession est déconnectée de tout espoir d'absorption de main d'œuvre ».

De tels endroits peuvent être des sites de conservation de « nature sauvage » ou de forêts, des lieux d'investissement de capitaux dans un développement agricole à grande échelle ou de gros projets de boisement pour atténuer les effets du dérèglement climatique. Ce type de transformation radicale de l'usage des terres par le biais d'accumulation primitive présente un potentiel considérable de création de populations surnuméraires.

Pour souligner que l'accumulation primitive n'est pas seulement un processus passé, mais est mise en œuvre aujourd'hui dans diverses parties du monde, Harvey (2003) introduisit l'expression « accumulation par dépossession ».

Cette expression est également plus explicite, car elle met en lumière la combinaison de dépossession de certaines populations et d'accumulation de capital au bénéfice d'autres. Elle émane de l'idée que la privatisation des terres communes et la dépossession sont des produits du capitalisme. En écologie politique, l'introduction de ces termes a suscité un intérêt renouvelé pour la combinaison de dépossession et d'accumulation de capital (Büscher 2009, Corson 2011, Kelly 2011, Benjaminsen & Bryceson 2012). Levien (2022) critique cependant l'idée de Harvey selon laquelle toute dépossession est opérée par du capital privé. Il avance comme alternative le concept de « régimes de dépossession », définissant la dépossession « comme une relation sociale de redistribution coercitive propagée par ceux qui contrôlent les moyens de violence sur un certain territoire » (Levien 2022, pp. 42-43). Son argument est que la dépossession opérée par l'État a des moteurs et une politique différents de la perte de terres en économie marchande. Alors que cette dernière tend à être un processus fragmentaire et individuel, la première peut mener à des événements provoquant une confrontation directe entre de grands groupes sociaux et l'État. Si l'accumulation primitive et l'accumulation par dépossession peuvent donc constituer des concepts et processus utiles à étudier, ils présentent un manque de considération pour la dépossession par l'État, qui est commune dans le Sud, selon Levien.

Cela signifie qu'en plus de la politique créée par la dynamique capitaliste et l'accumulation primitive, il existe aussi une politique et une dépossession associées à une captation par l'élite qui est exercée indépendamment de la pénétration du capitalisme, comme ce fut le cas avec la privatisation précapitaliste des terres communes en Europe (Federici 2004).

Dans les études paysannes et les études agraires critiques, il existe une abondante littérature liant rébellion et questions de terres en Amérique latine (Taussig 1987, Smolski & Lorenzen 2021) ainsi qu'en Inde, par exemple, avec la rébellion naxalite actuelle (Gupta 2007, Parashar 2019). Pour certaines raisons, cependant, il y a peu de travaux universitaires sur un tel lien pour l'Afrique subsaharienne. La dépossession des terres tombe en général en dehors du champ et des centres d'intérêt des débats universitaires autour de la montée des groupes djihadistes au Sahel. Il existe pourtant une littérature ouest-africaine plus abondante sur les moteurs du recrutement par les groupes rebelles (plutôt que djihadistes) indiquant des causes agraires et liées à la terre (Richards 2004, Cavanagh 2018).

Économie morale et djihadisme au Sahel

Les pasteurs sahéliens se plaignent depuis très longtemps d'une perte continuelle d'accès aux pâturages de saison sèche et de couloirs à bétail, ce qui a été facilité par un discours politique généralement négatif au sein des gouvernements et des organisations d'aide autour du pastoralisme sahélien (Thébaud & Batterbury 2001, Pedersen & Benjaminsen 2008).

Les politiques d'État qui favorisent une agriculture sédentaire aux dépens d'une production de bétail mobile et flexible ne sapent pas seulement l'accès des pasteurs aux terres, mais aussi l'élevage comme activité en général. La marginalisation du pastoralisme fut aussi un des moteurs principaux de la rébellion touarègue qui déclencha la guerre civile au Mali dans les années 1990 (Benjaminsen 2008). De nombreux Touaregs et nomades en général sentaient depuis longtemps qu'ils étaient marginalisés par la politique de modernisation de l'État. Ces griefs émergent donc d'une indignation morale provoquée par l'injustice économique et l'exploitation liées à la gouvernance des terres et ressources naturelles.

Comme nous l'avons mentionné au chapitre 2, le Mali accepta, en 1982, la mise en place d'un Programme d'ajustement structurel qui aboutit à une réduction des dépenses de l'État et du nombre de fonctionnaires, à l'exception du domaine de la gouvernance forestière qui connut une multiplication d'administrateurs forestiers dans les zones rurales à travers tout le pays à partir du milieu de la décennie 1980.

Cette augmentation était le résultat direct de l'attention mondiale portée à l'aide pour le développement durable et surtout la nécessité de combattre la désertification. La présence accrue des agents forestiers pour surveiller les villages et les terres pastorales était considérée par le gouvernement et les bailleurs internationaux comme nécessaire pour stopper l'avancée du désert de manière efficace, ce qui signifie que le Service Forestier recevait un soutien international de la part de la Banque Mondiale et autres bailleurs.

Le résultat était une approche descendante basée sur la distribution d'amendes aux populations pour des activités considérées comme menant à la dégradation de l'environnement et à la désertification. Avec ces pratiques, les agents forestiers devinrent une menace constante pour les populations rurales et leur mode de vie à travers le pays, incitant les gens à les considérer moins comme des défenseurs de la nature que comme des prédateurs.

Le sens de la justice menant à cette rébellion est discuté plus loin dans la section sur la biographie de deux leaders djihadistes. En bref, les arguments sont comme suit : si les griefs et le sens de la justice des Touaregs et des Peuls sont d'origine différente, pour ces deux groupes la défense du pastoralisme comme mode de vie viable a été au cœur de leur révolte. Dès 2012, quand la révolte devint « djihadiste » et que les Peuls la rejoignirent, elle interpellait aussi les classes subalternes (les Bellas et les Rimaïbé – respectivement anciens « esclaves » des Touaregs et des Peuls) qui la considéraient comme une opportunité de libération sociale. Ainsi, la révolte « djihadiste » actuelle au Mali est moins le signe d'une radicalisation de l'Islam que celui de l'islamisation d'une révolte radicale (Holder 2023).

L'histoire coloniale de Kidal et du clan des Ifoghas joue un rôle important pour comprendre les rébellions touarègues de 1963 et 1990, et aussi le développement de la crise malienne actuelle. De plus, le fait que les Ifoghas se sentirent trahis par la France en 1960 quand l'ancien pouvoir colonial décida de ne pas soutenir l'instauration d'un État touareg indépendant dans le nord du Mali incita les Touaregs de Kidal à s'opposer à l'État malien dès le départ. La politique paternaliste du régime de Keita envers le mode de vie pastoral accentua la volonté de déclencher une rébellion.

La rébellion de 1963 fut cependant rapidement écrasée par l'armée malienne employant chasseurs-bombardiers et exécutions publiques, ce qui incita nombre de jeunes Touaregs à vouloir se venger, et une nouvelle révolte commença à être planifiée en Algérie dès les années 1970.

Dans le cas des Peuls, après qu'Amadou Kouffa eut créé la Katiba Macina en 2015, il enregistra de nombreux discours sur WhatsApp, dans lesquels, insistant sur l'interprétation sociale de l'Islam, il parlait de manière répétée de justice sociale et d'égalité sociale, s'adressant particulièrement aux Rimaïbé (subalternes peuls) (Holder 2023). Le discours djihadiste a donc renforcé un « réveil » parmi les Rimaïbé.

Dans ses discours, Kouffa réfère à la lutte des Peuls contre l'empire bambara basé à Ségou, qui mena à l'émergence de l'empire Macina. C'était un État islamique peul théocratique qui régit le Mali central de 1818 à 1862 (Johnson 1976), État qui prohibait le chant et la danse, et où les femmes étaient isolées. Sa capitale, Hamdalaye

> était surveillée afin d'appliquer la moralité publique et un surveillant de moralité était nommé dans d'autres villes – une de ses tâches étant de superviser les poids et mesures, ainsi que la qualité des marchandises vendues sur le marché. Il était sans doute également chargé de l'application des prix contrôlés des produits alimentaires (Johnson 1976, p. 484).

Cet État se maintint grâce à un système complexe de taxation qui fournissait des fonds à l'administration, aux mosquées et aux forces armées, en plus du « soutien aux veuves et orphelins, aux vieux, aux débiteurs insolvables, aux pèlerins et autres voyageurs » (Johnson 1976, p. 483). Ce savoir historique, partagé par nombre de Maliens, fournit un aperçu de l'économie morale que Kouffa, dans ses discours, dit vouloir réinstaurer.

À partir de 2018, quand les attaques contre la population peule s'intensifièrent, avec leur lot de violations des droits humains et exécutions sommaires, la rhétorique de Kouffa commença à changer et, abandonnant l'accent mis sur la justice sociale, s'orienta davantage vers la défense des Peuls, avec le pastoralisme comme axe central de l'identité peule. La rhétorique changea aussi en s'attaquant à « l'État bambara » en référence à l'empire Macina, âge d'or du pouvoir peul, et en évoquant le djihad contre les Bambaras vers le sud (Holder 2023). L'opinion selon laquelle l'État malien, en tant qu'État bambara, ne comprend pas le pastoralisme comme stratégie de subsistance est commune à Kouffa et à nombre de Touaregs.

Cette lutte est discursive et matérielle. En un sens matériel, l'économie morale pastorale des Touaregs et des Peuls repose sur le contrôle des pâturages et autres ressources naturelles. Les griefs associés émergent donc d'une indignation morale contre l'injustice économique et l'exploitation liées à la gouvernance de ces ressources.

Nous allons maintenant discuter les griefs matériels de deux formes d'une telle économie morale, liée à la gouvernance forestière et aux conflits pour les terres. Ce sont des questions clés sans cesse soulevées lors des nombreuses entrevues et conversations effectuées avec les populations du Mali du centre et du nord durant les trois dernières décennies.

Après les Accords de Tamanrasset de janvier 1991 entre le gouvernement malien et les groupes touaregs rebelles du nord, qui avaient pris les armes en juin 1990, des réunions publiques furent tenues dans les régions nord pour expliquer le contenu des accords aux communautés. Un grand nombre d'interventions, lors de ces réunions, concernaient les griefs relatifs aux pratiques du Service Forestier. En outre, avec la transition vers la démocratie à partir de mars 1991, de nouveaux journaux écrivaient abondamment sur le harcèlement des aires rurales par les forestiers. Lors de la Conférence Nationale de Bamako en juin-juillet 1992, ce fut l'un des thèmes récurrents évoqués par diverses organisations politiques et rurales (Benjaminsen 1997).

Plus de deux décennies plus tard, la Katiba Macina contrôle l'aire du delta intérieur dans le Mali central (Figure 3.1). La corruption généralisée des fonctionnaires et politiques dans cette aire est un des thèmes clés récurrents dans les discours de Kouffa sur WhatsApp (Thiam 2017). De plus, il désigne souvent le Service Forestier comme problème particulier, sachant bien que ses pratiques constituent une inquiétude majeure pour les zones rurales. Dans un de ses discours, par exemple :

> Notre combat ne vise pas directement les populations pacifiques victimes de mauvaise gouvernance par l'État, avec notamment une mauvaise administration et un système judiciaire corrompu. Nous pouvons aussi ajouter le comportement des juges et agents du Service Forestier que toute la région condamne. Ces agents sont condamnés par les populations locales parce qu'ils sont des prédateurs notoires (traduit du Fulfulde).

Kouffa montre ainsi comment jouer avec l'indignation morale des populations et leurs sentiments d'injustice et d'exploitation causés par l'attitude prédatrice des élites politiques et économiques du Mali. Un tel discours est beaucoup plus efficace pour attirer des adhérents à l'organisation que des arguments purement religieux.

La dépossession de l'accès des populations aux ressources forestières du Mali, surtout depuis les années 1980, est également plus conforme aux « régimes de dépossession » de Levien reposant sur le contrôle des moyens de violence. Alors que le Mali est désormais intégré au système capitaliste international, bien que ce soit dans sa périphérie, la pénétration capitaliste est moins évidente dans le secteur pastoral du nord et du centre Mali, encore dominé par l'économie morale. D'un autre côté, le secteur forestier est depuis des décennies sous l'influence d'un discours gestionnaire environnemental mondialiste (néolibéral) (Adger *et al.* 2001), et au sud Mali ainsi que dans les aires périurbaines, une réforme néolibérale du secteur forestier a été mise en place depuis 1996, à l'initiative de la Banque Mondiale (Gautier *et al.* 2013). Son objet est d'instaurer des marchés de bois combustible à la périphérie des aires urbaines et de restreindre les droits de collecte et vente de bois. Ces mesures étaient considérées comme nécessaires pour combattre la crise du bois combustible. Cependant, cette réforme eut des effets indésirables, comme une aggravation de la confusion au sujet des droits forestiers et un accaparement accru par les élites.

Dans le secteur agricole, et surtout dans les aires à haut potentiel comme l'Office du Niger et autres zones du delta, furent réalisés de nombreux investissements internationaux (Touré 2022), qui menèrent à des formes toujours plus évidentes d'accaparement de terres villageoises au bénéfice des investisseurs.

Une indignation morale s'est donc largement répandue parmi les populations rurales du centre Mali, surtout parmi les pasteurs, au sujet des conflits pour les terres sans résolution. Le delta intérieur du fleuve Niger, en particulier, a été touché par des conflits intenses pour l'usage des terres durant les dernières décennies (Moorhead 1991, Turner 1992, Barrière & Barrière 2002, Cotula & Cissé 2006, Ba 2008, Benjaminsen & Ba 2009, Benjaminsen *et al.* 2012). Les plus violents de ces types de conflits concernaient l'empiètement par les paysans sur les terres pastorales, surtout les couloirs à bétail et les pâturages de saison sèche. Il pouvait s'agir d'empiètement de la part de modestes fermes villageoises, mais également de la part de systèmes d'irrigation du riz de grande et moyenne taille.

Figure 3.1 : Carte du Mali.
Source: L'auteur.

La principale ressource fourragère du delta est le bourgou (Figure 3.2), qui croît dans des eaux plus profondes que le riz, lequel s'est répandu rapidement aux dépens du bourgou durant les dernières décennies. Selon Kouyaté (2006), environ un quart des aires à bourgou du delta avaient alors été converties en rizières depuis les années 1950.

Il existe un grief pastoral de longue date relatif au blocage des couloirs à bétail et à la perte des pâturages de bourgou. Chaque année, plusieurs millions de bêtes entrent dans le delta où ils se rencontrent à la fin du mois novembre à des dates convenues et à des points d'entrée spécifiques. Le système actuel de gestion du bourgou dans le delta a été instauré et formalisé par l'empire Macina. Le delta était alors divisé en 37 territoires (*leyde*) où un chef pasteur (*jowro*) dans chaque leyde assumait la responsabilité de gérer les pâturages de bourgou. Ce système comportait la détermination de couloirs à bétail (*burtol*) dans les aires arides utilisées durant la saison des pluies et vers le delta, ainsi que définir les points d'entrée (Benjaminsen & Ba 2009). De l'empire Macina à l'ère coloniale, les pasteurs ne payaient que des redevances symboliques en nature au jowro aux points d'entrée, mais ces dernières décennies, les redevances que les pasteurs doivent payer par tête de bétail n'ont cessé d'augmenter, les politiques et les fonctionnaires ayant découvert dans cette opération une nouvelle source de revenu.

Comme les jowros dépendaient du soutien de l'État pour continuer à gérer les pâturages de bourgou, certains d'entre eux distribuaient toutes les redevances collectées pour conserver les hommes au pouvoir de leur côté (Turner 2006, Benjaminsen & Ba 2009). En versant ces pots-de-vin, les jowros établissaient d'indispensables relations avec les représentants du gouvernement.

Inutile de dire que cette augmentation des redevances était détestée des pasteurs, surtout ceux qui venaient des villages des terres arides de Sénou, Hayre et des autres zones autour du delta, devant payer des redevances plus élevées que les pasteurs des villages à l'intérieur du delta qui, souvent, ne payaient que très peu. La Katiba Macina ayant pris le contrôle du delta en 2015, les redevances pour les pâturages de bourgou furent abolies, ce qui était évidemment une décision populaire parmi les pasteurs des terres arides. Cependant, en 2018, les jowros se plaignirent auprès de la Choura (comité des chefs) de la Katiba Macina et demandèrent l'autorisation de recommencer à collecter la redevance, ce qui leur fut accordé, même si ce fut à un niveau réduit par rapport au passé.

Cependant, nombre de pasteurs des terres arides refusèrent de se plier à cette décision, arguant que selon le Coran les pâturages sont un don d'Allah.

Ils demandèrent donc l'annulation de la décision, mais la Choura s'y refusa, ce qui eut pour résultat que les pasteurs quittèrent la Katiba Macina et rejoignirent Dawlat il Islamia, groupe établi en 2019 qui faisait désormais partie de l'EIGS*.

En outre, lors du travail de terrain des années 2006-2009 dans le delta, les interviewés ne cessaient de se plaindre d'avoir à verser des pots-de-vin à l'administration locale. Un fait souvent souligné dans les entrevues était que celui qui paie le plus à l'administration ou au tribunal est celui qui est le mieux entendu. Les deux parties payant la cour, ses décisions concernant les conflits de terres devenaient ambiguës, ce qui contribuait à entretenir ces derniers. Durant les conversations et entrevues, nous entendions souvent des plaintes selon lesquelles les populations rurales étaient devenues les vaches à lait des fonctionnaires et élites politiques (Benjaminsen & Ba 2009).

Figure 3.2 : Pâturage de bourgou dans le delta intérieur du fleuve Niger.
Source: Abdoulaye Sow.

L'expansion des rizières aux dépens du bourgou a été dans une large mesure l'œuvre de l'ORM*, compagnie parapublique établie grâce aux fonds de la Banque Mondiale en 1972, parmi d'autres agences publiques de développement sectoriel. L'ORM* était principalement financé par la Banque Mondiale jusqu'en 1991, puis par la Banque Africaine de Développement.

L'objectif principal de l'ORM* était l'expansion des aires d'inondation contrôlée pour la riziculture dans le delta. Ceci signifiait la construction d'une série de digues, équipées de barrages pour contrôler le niveau des eaux et de canaux pour diffuser l'eau aux champs. Les aires ainsi irriguées sont divisées en parcelles d'un hectare. Même si tout Malien peut faire une demande de parcelle, les personnes bien informées et ayant des relations politiques avaient un avantage qui leur permettait d'établir de nouveaux groupes de propriétaires terriens urbains dans le delta, notamment aux dépens des pasteurs. Ce processus a eu pour résultat la conversion des pâturages communaux de bourgou en rizières privées.

Selon les administrateurs de l'ORM* interviewés en 2006, l'ORM* n'a jamais tenu compte des problèmes d'élevage, qui étaient plutôt du ressort de l'ODEM*, établie en 1975 pour promouvoir le développement de l'élevage, également financée par la Banque Mondiale. Les objectifs de l'ODEM* étaient de restaurer un équilibre écologique dans le secteur pastoral, qu'on pensait compromis par un important surpâturage, d'améliorer la productivité de l'élevage (présumant que le système pastoral du Mali central était improductif et inefficace), d'améliorer les conditions socio-économiques des populations et de promouvoir la commercialisation et l'exportation de bétail afin d'alléger la pression sur les pâturages et encaisser des devises étrangères. Les résultats de cette approche technocratique descendante s'avérant cependant décevants (Shanmugaratnam *et al.* 1991, de Bruijn & van Dijk 1995) la Banque Mondiale cessa son financement en 1991 et ces activités disparurent.

Avant de cesser ses activités, l'ODEM* avait toutefois contribué à une intensification des conflits de terres en creusant de nouveaux puits dans les terres pastorales arides, puits dont l'eau incitait les paysans à s'installer, déclenchant des conflits pour les terres ainsi occupées (De Brujn & van Dijk 1995, Benjaminsen & Ba 2021, voir le chapitre 4).

Les personnes interviewées dans le delta en 2006 soulignaient aussi que ni les paysans ni les pasteurs n'étaient consultés quand l'ORM* confisquait les aires de bourgou et fermait les couloirs à bétail. Un jowro dit que l'ORM* avait dérobé pour plusieurs millions de FCFA de terres à sa communauté. Il appelait ça « un hold-up agressif » et ajouta que « l'ORM* était un désastre ». Un autre jowro ajouta que « tout ce que l'ORM* a fait est mal ».

La corruption d'une bureaucratie prédatrice a contribué à attiser les conflits de terres plutôt qu'à les apaiser. Par exemple, pour faire rouvrir un couloir à bétail, confièrent des jowros interviewés, ils devaient payer un certain nombre de techniciens et administrateurs publics. Un autre interviewé, bien informé de par sa situation à une position politique clé, nous confia que l'administration bénéficiait du fait que les jowros n'avaient qu'un pouvoir informel ou coutumier, mais sans droits statutaires formels. Tant qu'ils ne jouissent que d'un pouvoir informel, ils ont besoin du soutien de l'administration pour pouvoir gérer efficacement les pâturages. Or, ce soutien est obtenu grâce aux pots-de-vin. « Un jowro qui tente d'être correct sans payer l'administration ne pourra jamais rien faire », ajouta un interviewé (Benjaminsen & Ba 2009).

Cela vaut également pour le système judiciaire. Les deux parties engagées dans des conflits de terres traités au tribunal ont dû verser de grosses sommes d'argent pour graisser la patte aux juges et à leur entourage. Ayant reçu de l'argent des deux parties, les décisions du tribunal tendent à être ambiguës, ce qui contribue à entretenir les conflits (Benjaminsen & Ba 2009).

La perte des pâturages de bourgou dans le delta ces dernières décennies, parallèlement au blocage de nombreux couloirs à bétail historiques, est au cœur des griefs des pasteurs, avec un sentiment commun d'indignation morale et d'injustice dans le delta du Mali central. Il existe aussi un sentiment de perte historique de l'identité peule dans le Mali central, qui est intimement liée à l'héritage de l'empire Macina. De tels sentiments parmi nombre de Peuls sont aussi aggravés par le sentiment que tous ces processus détériorent le système pastoral hérité de l'empire Macina. Cette part essentielle de leur héritage que sont des pâturages de bourgou communaux gérés sur la base de règles spécifiques et des couloirs à bétail instaurés par l'empire Macina a été détériorée par ce qui est perçu comme une sorte de « modernisation » corrompue durant des décennies. Le fait est que cette détérioration a été un élément constitutif d'une politique gouvernementale soutenue par les bailleurs étrangers et bénéficiant aux administrateurs et aux élites urbaines, grâce à la corruption et à l'accaparement des ressources, politique qui a stimulé une rancune générale contre le gouvernement et dont les djihadistes ont pu tirer pleinement partie.

La dépossession, dans ce cas, ne peut être considérée comme le produit d'un régime de dépossession (Levien 2022) reposant sur le contrôle des moyens de violence. La pénétration du capitalisme dans cette périphérie a cependant joué un rôle, à l'instar des effets de l'aide internationale au développement. Le projet ORM* financé par la Banque Mondiale et la Banque Africaine de développement a conduit à une privatisation de terres qui étaient auparavant des pâturages communaux sous contrôle d'un jowro. Ces terres sont désormais de fait des rizières privées, constituant un des exemples de conversion des pâturages de bourgou en terres agricoles privées.

Mais ce cas ne coïncide pas totalement avec l'idée d'accumulation par dépossession non plus. Derrière le processus de dépossession et accumulation, il y a plus que la pénétration du capitalisme. Sans doute représente-t-il un troisième type de dépossession – une dépossession néopatrimoniale associée à une « politique du ventre » (Bayart 1993), comme « mode complexe de gouvernement » qui dénote « l'accumulation de richesses par la détention de pouvoir politique » (Bayart *et al.* 1999, p. 8). Ce mode de gouvernement a aussi été appelé un État néopatrimonial

> dans lequel les fonctionnaires s'approprient systématiquement les ressources pour leur propre usage et où l'autorité politique repose largement sur des pratiques clientélistes, dont le patronage, diverses formes d'accaparement et le prébendisme (van de Walle 2001, p. 52).

Ce néopatrimonialisme peut cependant être en partie expliqué par le colonialisme. Selon Olivier de Sardan (2021b), les États sahéliens ont été créés brutalement à partir de rien par les pouvoirs coloniaux. Ces États sont devenus « despotiques par nature » loin du modèle d'État à la française, et ont continué, après l'indépendance, à développer leur propre culture et pratique bureaucratiques d'accaparement par les élites. La combinaison de gouvernance descendante, de corruption bureaucratique et de manque de fourniture des services a avec le temps conduit à un manque de confiance en l'État parmi les citoyens.

Le rôle des chefs djihadistes

La corruption et le détournement des fonds d'aide humanitaire destinés au nord furent de fait une des justifications employées par les rebelles touaregs pour déclencher la révolte de 1990 (Benjaminsen 2008). Le chef de cette rébellion était Iyad Ag Ghaly, qui est actuellement aussi le chef de Ansar Dine et est considéré comme le chef djihadiste suprême au Mali.

La fin du présent chapitre est consacrée à la trajectoire de Ag Ghaly et du chef de la Katiba Mancina, Hamadoun Kouffa, et à la manière dont ces deux chefs djihadistes ont pu exploiter les frustrations contre l'État, surtout parmi les pasteurs du centre et du nord Mali.

En 2011, Iyad Ag Ghaly fonda Ansar Dine, après que le mouvement séparatiste touareg MNLA* eut refusé de le nommer à sa tête (Eizenga & Williams 2020). Né en 1958 et originaire de Boghassa, village proche de la frontière algérienne, il appartient au clan des Ifoghas, Touaregs Kel Adagh. Le « problème touareg » au Mali est généralement considéré comme provenant de Kidal parmi les Kel Adagh (ce qui signifie peuple d'Adagh, montagne au nord de la ville de Kidal).

Les Ifoghas et les Idnan sont les deux clans les plus puissants des Kel Adagh. Avant la colonisation existait un certain équilibre des pouvoirs entre ces deux clans, mais le gouvernement colonial français choisit de favoriser les Ifoghas, dont le chef fut fait Amenokal (chef suprême) (Lecocq 2010). À l'ère précoloniale, les Kel Adagh tendaient à être dominés par les groupes touaregs voisins comme les Kel Ahaggar et les Ouelleminden, domination à laquelle les Français mirent fin et c'est pourquoi ils considèrent l'ère coloniale comme une période prospère. Ils considéraient donc les Français comme des alliés et combattaient aux côtés du pouvoir colonialiste les groupes touaregs qui résistaient à l'occupation. Le fait que la France quitte la région en 1960 et transfère le pouvoir à des politiques du Sud fut toutefois considéré comme une trahison, car les Kel Adagh pensaient que c'était à eux que l'indépendance avait été promise (Lecocq 2010).

C'est pourquoi les Kel Adagh furent en opposition à l'État malien dès sa création, et la première révolte, inspirée par la guerre que menait le FNL dans l'Algérie voisine, éclata en 1963 (Lecocq 2010).

De plus, le premier président malien, Modibo Keita, était habité par des idées de modernisation industrielle et agricole et le nomadisme représentait un obstacle à un tel développement. La sédentarisation des nomades et leur conversion en citoyens « productifs » pratiquant l'agriculture devinrent des composantes clés de l'approche gouvernementale dans le nord (Benjaminsen & Berge 2004a). Cela signifiait que le mode de vie nomade était considéré comme arriéré, improductif et indésirable. Les pâturages du nord Mali constituaient « le Mali inutile ».

La révolte de 1963 fut cependant écrasée à l'aide de chasseurs-bombardiers et d'exécutions publiques, ce qui incita de nombreux Touaregs à émigrer en Algérie et en Libye (Ag Baye 1993). Ag Ghaly faisait partie de la seconde vague d'émigration vers la Libye qui eut lieu après la sécheresse de 1973-1974. Khadafy était désireux d'attirer les jeunes Touaregs pour les entraîner dans des camps spéciaux et les utiliser dans diverses opérations militaires libyennes.

En 1979, Ag Ghaly fit sa première expérience guerrière, ayant été envoyé soutenir la cause palestinienne dans le Sud Liban avec 660 autres soldats touaregs. Ils y luttèrent jusqu'à l'invasion israélienne de 1982. De retour en Libye, les soldats touaregs durent choisir entre rester dans l'armée ou quitter le pays. Les camps spéciaux pour les combattants touaregs n'existaient plus comme dans les années 1970. Cependant, Khadafy établit en mars 1986 un nouveau camp militaire touareg – cette fois pour soutenir l'offensive libyenne au Tchad de juin 1986 au cessez-le-feu de septembre 1987 (Boiley 1999).

Dès 1982, les combattants touaregs du nord Mali avaient créé un mouvement de résistance clandestin dans les camps libyens avec Ag Ghaly comme chef élu. Il était reconnu comme soldat et avait déjà fait bonne impression politiquement lors des pourparlers avec les autorités libyennes au nom des soldats touaregs (Boiley 1999).

Il avait également été témoin de la manière dont la communauté internationale, nations arabes comprises, ne défendait pas les Palestiniens, et en conclut que les Touaregs ne pouvaient pas attendre de soutien extérieur. Ils ne devaient compter que sur eux-mêmes et lancer leur propre révolution. Les conséquences de cette vision furent d'abandonner toute opposition politique ouverte au Mali, qui, de toute façon, avait peu de perspectives face au régime militaire malien, et de se tourner vers la rébellion armée. Lors d'une rencontre à Tripoli en 1987, le mouvement de résistance fut formalisé avec un conseil d'environ 30 membres et Ag Ghaly comme secrétaire général. Une charte fut formulée, avec des objectifs, dont le principal était la libération de la zone du nord Mali qu'ils nommaient Azawad et de créer un État indépendant portant ce nom (Boiley 1999).

Après cela, les combattants touaregs commencèrent à retourner au Mali, mais graduellement, pour ne pas éveiller les soupçons. Des cellules furent constituées avec des tâches spécifiques dans le soulèvement à venir. La première attaque eut lieu à Ménaka en juin 1990, menée par Ag Ghaly. Les attaquants n'étaient équipés que de quelques dromadaires, deux fusils de chasse, quatre kalachnikovs et quelques épées (selon Ag Ghaly interviewé par Boiley [1999]). Ménaka avait été choisie comme cible, car les attaquants savaient y trouver des armes et les véhicules d'ONG. Cette première attaque fit 36 morts, un seul combattant touareg ayant été blessé. Les rebelles se retirèrent avec 12 véhicules de l'ONG World Vision ainsi qu'un grand nombre d'armes, du carburant et de la nourriture (Boiley 1999).

Initialement, la rébellion rencontra peu de soutien parmi les Touaregs en dehors des Kel Adagh, mais cela changea rapidement. Cette première attaque déchaîna une campagne de violence aveugle de l'armée malienne contre les nomades. Des civils qui n'avaient même pas entendu parler de rebelles furent massacrés (Poulton & Ag Youssouf 1998). « En l'espace de quelques semaines, l'armée malienne avait créé des centaines de nouveau "rebelles", la jeunesse touarègue fuyant dans les collines pour échapper au massacre » (Poulton & Ag Youssouf 1998, p. 56). De plus, l'armée ne faisait pas la différence entre les Touaregs et les Maures arabes, incitant ces derniers à se rebeller. Ainsi, la « rébellion touarègue » n'était plus seulement touarègue, mais s'était transformée en révolte nomade et pastorale.

Parallèlement à l'escalade du conflit dans le nord Mali, le mouvement démocratique gagnait en force à Bamako. Réalisant qu'une victoire rapide dans le nord était hors de portée et qu'il aurait peut-être besoin de ses troupes à Bamako, le président de l'époque, Moussa Traoré, lança des négociations de paix. Fin 1990, des pourparlers directs entre le gouvernement et les chefs rebelles aboutirent à la signature du traité de paix de Tamanrasset le 6 janvier 1991. Le point central de cet accord était l'attribution au nord Mali d'un « statut spécial », qui impliquait que 47,3 % du budget national devait être alloué au nord. Mais cela signifiait aussi que la séparation du nord Mali n'avait pas été discutée, ce qui ne satisfaisait pas certains partisans de la ligne dure au sein du mouvement rebelle, mais Ag Ghaly, qui avait signé le traité au nom des rebelles, faisait partie des modérés qui acceptaient de rester au sein du Mali, avec un peu plus d'autonomie (Lecocq 2010).

Après des manifestations prodémocratie massives à Bamako en mars 1991, qui culminèrent avec le coup d'État contre le régime Traoré, un gouvernement intérimaire mené par Amadou Toumani Touré (ATT), organisa des élections législatives et présidentielles en 1992. Participant de cette vague de démocratie populaire, fut tenue une conférence nationale avec plus de 1 000 participants en juin et juillet 1992. Lors de cette conférence, si le rôle de la rébellion dans la chute du régime militaire était en général reconnu, le traité de Tamanrasset ne le fut pas, car on le considérait comme donnant trop aux Touaregs. Ag Ghaly, en tant que chef de la rébellion, plaida cependant, à la conférence, pour davantage de fédéralisme et d'autonomie économique et politique aux régions (Lecocq 2010).

Toutefois, la violence ne s'arrêta pas malgré le processus de démocratisation, le traité de Tamanrasset et le pacte national signé en avril 1992. L'armée semblait continuer à opérer pour elle-même dans l'extrême nord, hors du contrôle du gouvernement nouvellement élu de Konaré à Bamako, ce qui aboutit à toujours plus de violence contre les civils et nombre d'entre eux fuirent vers les pays voisins. En réponse à cela, les attaques rebelles contre l'armée, les institutions gouvernementales et leurs représentants se multiplièrent, provoquant des représailles contre les civils touaregs et maures et leurs biens, surtout dans les zones urbaines (Benjaminsen 2008).

Fin 1994, le gouvernement remania les forces armées, nommant un nouveau ministre de la Défense et révoquant les unités militaires caractérisées par leur indiscipline et leur usage excessif de la force. Ces mesures semblent avoir aidé de président Konaré à reprendre le contrôle de l'armée. De novembre 1994 à juin 1995, de nombreuses réunions furent tenues dans le nord par les chefs locaux ou les groupes rebelles. Les discussions calmèrent la situation et préparèrent le terrain pour des rencontres intercommunautaires, avec l'aide du PNUD*, du gouvernement norvégien et d'un groupe de facilitateurs maliens coordonnés par Kåre Lode, de l'Aide de l'Église Norvégienne (Lode 1997, Poulton & Ag Youssouf 1998). D'août 1995 à mars 1996, 37 rencontres intercommunautaires furent tenues. Il est intéressant de noter que ces discussions contournèrent totalement les chefs rebelles, mais aussi l'armée et les officiels du gouvernement, créant les conditions d'une paix à la base. Tout ce processus culmina avec la cérémonie de la « Flamme de la Paix », organisée à Tombouctou le 27 mars 1996, où 3 000 armes de poing des rebelles furent brûlées (Benjaminsen 2008). À la suite de l'accord de paix entre le gouvernement et les rebelles touaregs, Ag Ghaly normalisa les relations avec le gouvernement qui l'employa dans les négociations visant à faire libérer les Occidentaux kidnappés par AQMI* début 2000, ainsi que 14 touristes allemands en 2003. En 2008, il fut nommé par le président ATT conseiller culturel du consulat malien à Djeddah, Arabie Saoudite, sans doute pour l'éloigner de la politique malienne. En 2010, Ag Ghaly fut cependant expulsé d'Arabie Saoudite pour avoir apparemment établi avec les djihadistes du pays des contacts trop rapprochés au goût des autorités.

Avant son épisode en Arabie Saoudite, en 2005, Ag Ghaly avait fait une tentative infructueuse pour devenir Amenokal des Kel Adagh. L'année suivante, il rejoignit trois officiers touaregs intégrés dans l'armée qui avaient déserté, et tenta une nouvelle rébellion limitée à Kidal, dont la revendication était un statut particulier pour la région de Kidal et Ménaka. Il se retira ensuite dans le massif de l'Adagh. Des négociations furent immédiatement lancées par ATT avec l'aide de l'Algérie, qui aboutirent à l'accord d'Alger du 4 juillet 2006.

Ag Ghaly et les autres chefs de cette rébellion soulignèrent qu'ils n'étaient pas impliqués dans l'action djihadiste, qu'ils luttaient simplement pour de meilleures conditions de vie à Kidal et qu'ils n'avaient aucun lien avec le groupe salafiste GSPC* qui avait infiltré le nord Mali à partir de l'Algérie à la fin de la guerre civile (Lecocq 2010).

Certains interviewés[1] qui connaissaient Ag Ghaly à cette époque affirment cependant qu'il était sous l'influence d'AQMI* dès 2004. Pour accroître leur influence dans le nord Mali, les chefs d'AQMI* se mariaient dans les communautés arabes à l'ouest de Tombouctou, dans la zone du lac Faguibine, et œuvraient à infiltrer les communautés et réseaux sociaux du nord. De plus, ils visaient tout particulièrement à rattacher les chefs des communautés à leur cause, comme Ag Ghaly et Hamadoun Kouffa dans le Mali central.

L'intégration de Kouffa aux réseaux djihadiste du nord Mali fut facilitée par le fait que lui et Ag Ghaly se connaissaient déjà et se respectaient, et que Kouffa était déjà un érudit et prêcheur islamique respecté. Ag Ghaly, donc, avait le soutien d'AQMI* pour créer une *Katiba* (Ansar Dine) en 2011, alors que Kouffa créait sa Katiba Macina en 2015. Ces deux groupes djihadistes contrôlaient depuis 2015 de vastes parties du nord et centre Mali, avec Ag Ghaly comme chef du JNIM*, qui est lié à Al-Qaïda en plus d'Ansar Dine et de la Katiba Macina comprend Al-Mourabitoun et AQMI*. Hamadoun Kouffa, né en 1961 à Nianfunké, dans la région de Mopti, sous le nom de Hamadoun Sangaré, devint, dans les années 1980, célèbre dans la région pour son éloquence et ses poèmes. Il voyagea à travers la région pour prêcher les vertus de l'Islam, et au début des années 2000, il répandit son message sur une station radio locale, ce qui stimula sa notoriété. Dans son prêche, il attaqua de plus en plus des chefs religieux, les élites traditionnelles et l'administration publique. Sa critique des autres érudits islamiques de la région provoqua des répliques et contre-attaques, qui ont pu conduire à sa radicalisation (Thiam 2017).

Dans sa critique des autres érudits islamiques, il affirmait qu'au lieu de soutirer aux braves paysans des *zakat* (taxes), ils devraient se mettre eux-mêmes au travail de la terre comme les populations le font. Il critiquait aussi la pratique répandue d'envoyer les enfants (*talibé*) quémander. Pour lui, vivre du travail des enfants (faire la manche) était plus coupable que boire de l'alcool (Cissé 2018).

En 2004, il visita la société « Jamaat Tabligh » au Pakistan, qui avait été accusée d'avoir des liens avec des groupes terroristes. De retour au Mali, il obtint un financement du Pakistan pour réhabiliter une mosquée à Sinakoro, à 20 km de Mopti. Le débat autour du Code Familial du Mali, proposé en 2009, et dans lequel les femmes obtenaient une position plus forte, avec, par exemple, le droit au divorce et à l'héritage, provoqua un tollé chez les musulmans conservateurs, dont Kouffa, et a pu contribuer à sa radicalisation (Thiam 2017).

Comme déjà évoqué, la position forte de Kouffa parmi les pasteurs peuls doit être comprise en relation avec l'empire Macina du XIXe siècle, considéré comme l'âge d'or du pouvoir peul à une époque où le djihad était en conflit avec un État bambara plus au sud, basé à Ségou. La rhétorique de Kouffa sur l'État malien en tant qu'État bambara qui ne comprend pas le pastoralisme est commune parmi les Touaregs.

À la suite de la prise du nord Mali par les rebelles et les djihadistes, Kouffa se rendit à Tombouctou en juillet 2012, où il suivit un entraînement militaire avant de rejoindre Ansar Dine en tant que proche collaborateur d'Ag Ghaly, qui devint son mentor. Durant cette période, il participa aussi à la planification de l'attaque sur Konna qui eut lieu en janvier 2013.

En somme, Ag Ghaly et Kouffa ont personnellement joué des rôles décisifs dans le ralliement respectif des Touaregs et des Peuls à Ansar Dine et à la Katiba Macina. Leurs positions de pouvoir et d'autorité ont été obtenues par une combinaison de leur histoire personnelle, de leur habileté à tirer parti des griefs locaux, des influences internationales, et parfois du soutien de la Libye, de l'Algérie, de l'Arabie Saoudite et du Pakistan.

Économie politique matérialiste et crise sahélienne

L'analyse érudite de l'actuelle crise sahélienne tend à être dominée par des perspectives tirées des sciences politiques, des relations internationales et des études religieuses. Cette littérature se concentre en général sur la manière dont le développement politique mondial et la pensée et l'organisation islamiques sont reliés dans le cadre de la dynamique sahélienne nationale. Elle a, par exemple, discuté les sujets amplement entrecroisés du djihadisme international et de ses tributaires au Sahel (Huckabey 2013, de Castelli 2014, Harmon 2014, Lounnas 2014, Walther & Christopoulos 2015), du trafic de drogues et des prises d'otages comme sources de financement des groupes armés (Daniel 2012, Lacher 2013, Detzi & Winkleman 2016), de la dynamique, de la politique, de l'histoire des rébellions touarègues en lien avec la crise (Cline 2013, Zounmenou 2013, Bøås & Torheim 2013, Bøås 2015), des problèmes du système démocratique national et de l'affaiblissement de l'État (Gonin *et al.* 2013, Baudais 2015, Ba 2016), de l'intervention militaire internationale (Cristiani & Fabiani 2013, Galy 2013, Hanne 2014, Ping 2014, Boeke & Tisseron 2014, Boeke & Schuurman 2015, Wing 2016), du paysage complexe et changeant de l'islamisme national au Mali (Soares 2013) et de la crise malienne en tant que retombée du conflit libyen (Shaw 2013, Solomon 2013).

Si de telles contributions fournissent un riche arrière-plan à l'actuelle crise au Mali et autres parties du Sahel, l'argument du présent ouvrage est que le contexte politique local et, en particulier, le contexte politico-écologique est nécessaire pour expliquer pleinement l'expansion du djihadisme. Ce contexte politico-écologique local est cependant généralement négligé dans la littérature érudite en rapide accroissement sur le djihadisme au Sahel.

Il existe cependant des contributions qui soulignent le rôle du contexte local plus largement. Ibrahim (2017, p. 10) signale que « l'idéologie est une condition nécessaire, mais non suffisante pour expliquer le développement de l'insurrection djihadiste » et que « les mouvements djihadistes africains sont avant tout des mouvements locaux qui surgissent de dynamiques sociopolitiques locales, et leur lutte cible principalement des griefs locaux, non globaux » (p. 8). Dowd & Raleigh (2013, p. 498) affirment que « les groupes islamiques violents émergent dans et sont modelés par des questions et contextes locaux, caractéristique masquée par les récits totalisants sur un islamisme global terroriste », et Dowd (2015) conclut que les griefs et la marginalisation sont les moteurs de l'émergence des groupes djihadistes au Kenya, au Nigéria et au Mali. Lecocq *et al.* (2013) soulignent également l'importance de comprendre le contexte local pour expliquer la crise malienne, notamment le fait que la corruption est imbriquée dans le système administratif et politique, ce qui est, selon eux, souvent oublié par les observateurs externes.

Dans une veine similaire, d'autres chercheurs ont également indiqué le lien entre l'accaparement et suggèrent que ce sont les griefs plutôt que les convictions religieuses qui incitent les pasteurs maliens à rejoindre les groupes djihadistes (De Bruijn & Both 2017, Jourde *et al.* 2019). Mêlant une telle approche locale et une approche globale, Marret (2008) appelle AQIM* une organisation « glocale », soulignant ainsi ce mélange d'intérêts et pratiques locaux et globaux, alors que Boeke (2016) indique que AQIM* est une organisation terroriste et insurgée dont les racines sont aussi bien l'idéologie djihadiste globale que des griefs locaux et nationaux. Cette dichotomie est aussi évoquée plus généralement par Kalyvas (2003), pour qui les guerres civiles sont souvent motivées par une interaction entre des objectifs politiques et des griefs privés.

Dans les débats actuels sur le djihadisme sahélien, un point de désaccord a été en fait de savoir quel poids donner au contexte local et aux réseaux djihadistes pour expliquer la montée de la résistance violente (Zenn 2017, Thurston 2017, Higazi *et al.* 2018, Hansen 2019). Cependant le rôle joué par la lutte pour les terres et les ressources naturelles est souvent laissé de côté dans ces débats.

Porter l'attention sur l'écologie politique des terres et la gouvernance des ressources naturelles implique d'étudier les motivations des paysans liées à la politique d'accès aux ressources naturelles aussi bien que la manière dont l'autorité et les relations de pouvoir impactent cet accès. Reconnaissant la dynamique « glocale », l'argument est que le fondement matériel de la crise actuelle, et notamment les diverses formes de dépossession des terres, manque en général dans les débats universitaires comme politiques.

L'écologie politique est un corpus de littérature diversifié et en plein essor qui se concentre sur la manière dont le pouvoir se manifeste dans les luttes discursives et matérielles autour de la terre et de l'environnement (Forsyth 2003, Robbins 2012, Benjaminsen & Svarstad 2021). La théorie néomarxiste (Watts 1983), les perspectives orientées vers les acteurs (Blaikie & Brookfield 1987), la théorie post-structurale (Peet & Watts 1996) et les études sur la science et la technologie (Goldman *et al.* 2011) ont exercé une influence importante sur l'écologie politique. Les études d'écologie politique ont tendance à se concentrer sur des sujets environnementaux tels que les petits exploitants, qui dépendent des ressources environnementales et qui luttent pour maintenir leur identité et leurs moyens de subsistance face aux interventions de l'État, de la société civile ou des entreprises.

Si l'écologie politique s'est aujourd'hui développée dans de nombreuses directions, notamment sur des thèmes tels que la décolonisation, le plus qu'humain, la justice climatique, la race et le racisme, la décroissance, les ontologies et les plurivers, peu d'études s'inspirent des racines du domaine, à l'interface avec les études paysannes, en mettant l'accent sur l'économie morale et la dépossession de la terre.

S'inspirer d'une telle approche signifie étudier la violence dans son contexte politico-économique et historique plus large, en mettant l'accent sur l'accès et le contrôle des terres et des ressources naturelles. Dans les études sur la matérialité de la gouvernance et de la politique des ressources naturelles, la dialectique des acteurs et des terres représente le principal objet d'étude. Ce type d'écologie politique matérialiste va toutefois au-delà de l'étude des conflits comme de simples chaînes de causalité, la pénurie de ressources ayant des conséquences négatives sur les moyens de subsistance et conduisant à nouveau à la migration et aux conflits (Peluso & Watts 2001).

Pionnier des études sur l'écologie politique des conflits entre agriculteurs et pasteurs, Bassett (1988) a considéré ces conflits comme des « réponses dans le contexte », tandis que Turner (2004) a également utilisé l'écologie politique dans sa critique du récit de la pénurie qui contribue largement aux perceptions des conflits entre agriculteurs et pasteurs au Sahel, et a souligné que ces conflits devraient être compris comme étant plus que de simples conflits de ressources. Dans le même ordre d'idées, l'insurrection au Mali est considérée comme une menace pour le pastoralisme en particulier et sa base de subsistance. Cela a créé une indignation morale qui existait depuis des décennies, mais qui a été libérée par une série d'événements et de circonstances internationales (Touaregs formés comme soldats en Libye, débordement de djihadistes dans le nord du Mali à partir de la guerre civile algérienne, influence et soutien de groupes islamistes au Pakistan, connexions d'Ag Ghaly avec des djihadistes radicaux pendant son séjour de deux ans en Arabie Saoudite, et possibilité de se connecter à des réseaux djihadistes globaux).

Les pasteurs et les petits agriculteurs interrogés avant la crise de 2012 se sont souvent plaints de la dépossession des ressources causée par les méthodes musclées du Service forestier, ainsi que de la dépossession par les pasteurs des principaux pâturages et couloirs de passage du bétail, et des pratiques de corruption dans le règlement des conflits liés à l'utilisation des terres par les autorités locales et les tribunaux.

La dépossession des terres et des ressources tend à être discutée comme étant soit dictée par le marché, comme dans le cas de l'accumulation par dépossession, soit dictée par la violence de l'État, comme dans le cas des régimes de dépossession de Levien.

Alors que la violence et la dépossession dans le cas de la gouvernance forestière dont il est question ici ont été plus conformes aux régimes de dépossession, la conversion des pâturages communaux de bourgou en rizières privées est clairement une forme d'accumulation par dépossession résultant de la pénétration capitaliste dans une périphérie. Mais il y a eu d'autres phénomènes. La recherche de profit et l'accaparement par les élites liées à la conversion des terres peuvent être considérés comme une forme de dépossession néopatrimoniale associée à la politique du ventre.

Ces processus généralisés de dépossession dans le centre et le nord du Mali ont créé une colère morale et économique contre les élites prédatrices, qui a servi de base au soulèvement djihadiste. Pour faire exploser cette colère, Iyad Ag Ghaly et Hamadoun Kouffa ont joué un rôle clé en tant que leaders djihadistes en mobilisant le soutien populaire émergeant des griefs locaux, tout en s'appuyant sur un discours islamiste basé sur la justice sociale et en capitalisant sur le soutien extérieur. En même temps, l'histoire coloniale de Kidal et du clan des Ifoghas joue un rôle clé dans la compréhension des rébellions touarègues de 1963 et 1990 et, par conséquent, dans le développement de la crise actuelle au Mali.

Plus récemment, lorsque le soulèvement est devenu « djihadiste » à partir de 2012 et que les Peuls ont commencé à le rejoindre, le soulèvement est devenu également attrayant pour les classes subalternes qui ont vu la rébellion comme une opportunité de libération sociale. Les discours de Kouffa sur la justice sociale ont renforcé le « réveil » des Rimaïbé. Simultanément, ses fréquentes références à l'Empire Macina comme étant la période dorée du pouvoir pastoral peul contribuent à un récit sur la résistance pastorale face à un État dominé par les Bambaras qui ne comprend pas ou n'apprécie pas le pastoralisme. Le chapitre suivant présente un autre exemple de la manière dont un conflit très controversé au Sahel peut être compris en utilisant une approche matérialiste de l'écologie politique.

Note

1 Interviewés par mon collègue malien Boubacar Ba.

Écologie politique matérialiste d'un conflit entre paysans et pasteurs

La politique de pénurie

L'histoire biblique du conflit entre Caïn et Abel, qui a conduit le premier à tuer le second, est l'exemple archétypique de ce qui est souvent considéré comme une tension éternelle entre les agriculteurs sédentaires et les pasteurs migrateurs. D'un point de vue pratique, il s'agit d'un conflit physique portant sur des ressources matérielles, mais d'un point de vue général, ces conflits représentent également des visions du monde différentes impliquant des idées contradictoires sur les droits de propriété sur les terres, la productivité économique, l'aspect des paysages et ce qu'implique une bonne vie.

Comme nous l'avons vu au chapitre 3, la plupart des gouvernements des États ont tendance à être dominés par une vision sédentaire du monde, celle d'un « agriculteur ». C'est l'une des raisons pour lesquelles les pasteurs migrateurs se retrouvent souvent à l'extrémité de la gouvernance de l'État. Le mode de vie nomade est tout simplement considéré comme un obstacle au développement de la société.

Comme nous l'avons aussi vu au chapitre 3, cette marginalisation, y compris le sentiment d'injustice qui y est associé, peut dans certaines conditions conduire à une résistance et à une rébellion pastorale armée contre l'État. Au Sahel, cette résistance s'est également transformée en divers conflits entre agriculteurs et pasteurs[1], les premiers étant souvent soutenus par l'État ou même utilisés par l'État dans le cadre de sa contre-insurrection.

Ce contexte est cependant souvent négligé dans les débats politiques ou médiatiques sur les conflits entre agriculteurs et pasteurs en Afrique, qui tendent à présenter ces luttes comme des exemples typiques de conflits de ressources associés à des processus malthusiens motivés par la rareté des ressources naturelles. Dans la littérature scientifique, l'accent mis sur la pénurie en tant que question clé a été promu en particulier par l'école de la sécurité environnementale (Baechler 1998, Homer-Dixon 1999, Kahl 2006). Cette école considère que la « rareté environnementale » augmente rapidement dans de nombreux environnements marginaux en raison de la dégradation continue causée principalement par la croissance démographique.

Au cours des deux dernières décennies, le dérèglement climatique a été ajouté comme un facteur clé dans le cercle vicieux mécanique malthusien que l'on croit être à l'œuvre. Cela signifie que le récit des conflits climatiques, qui est devenu largement influent, comprend souvent une combinaison de facteurs tels que le dérèglement climatique et la croissance de la population, en ajoutant parfois des tensions ethniques à ce mélange.

Les médias et les décideurs politiques occidentaux se sont empressés de reproduire ce récit, en donnant au dérèglement climatique un rôle de premier plan dans l'explication des conflits dans des pays lointains tels que le Sahel. Comme mentionné au chapitre 1, le Sahel a été mis en lumière par le Comité Nobel norvégien en 2007 comme l'exemple parfait d'un tel lien entre le dérèglement climatique et les conflits. Le Conseil de sécurité des Nations unies a également discuté de ce lien à plusieurs reprises au cours des 15 à 20 dernières années, notamment en ce qui concerne la situation au Sahel. Plusieurs pays occidentaux ont évoqué ce lien en vue d'une discussion et d'une action, tandis que la Chine et la Russie se sont montrées plus sceptiques. En outre, certains chefs d'État de pays en proie à des conflits se sont empressés d'accuser le dérèglement climatique d'être la cause de la violence afin d'éviter d'attirer l'attention sur le rôle qu'ils ont eux-mêmes joué dans cette violence (chapitre 1).

Une critique majeure de l'attention privilégiée portée à la pénurie de ressources naturelles est que la signification de ce terme reste assez vague (Gleditsch 1998, Fairhead 2001, Richards 2005). Les conflits armés ont tendance à porter sur le contrôle des terres et comportent donc nécessairement une dimension liée aux ressources. Il est toutefois trompeur de conclure que cette dimension explique les conflits. Il est également trompeur de traiter différents processus tels que la dégradation de l'environnement, l'augmentation de la pression démographique et l'accès inéquitable comme un processus global de pénurie accrue.

Ainsi, la pénurie est traitée comme une variable constante, tandis que les questions de pouvoir, de politique et d'histoire sont occultées. En effet, les explications trop simplistes de cause à effet contribuent à détourner l'attention de causes plus systémiques susceptibles de compromettre les intérêts de personnes relativement puissantes (Mehta 2010).

Les récits de pénurie peuvent ainsi servir à justifier l'exclusion des utilisateurs historiques des terres. Dans une étude portant sur la vallée de Kilombero en Tanzanie, Bergius *et al.* (2020) illustrent un tel lien entre le récit de la pénurie et ses effets sur les luttes pour les terres. Avant la mise en œuvre d'une politique d'économie verte (ou écomodernisation, voir chapitre 5) dans la vallée, axée sur des investissements agroculturels à grande échelle combinés à une conservation de l'environnement basée sur l'exclusion, les pasteurs étaient présentés comme des opposants au développement durable, parce qu'ils étaient considérés comme responsables du surpâturage généralisé, tout en ayant une faible productivité économique. Cela a servi à légitimer les expulsions et les dépossessions, qui ont à nouveau provoqué des conflits d'utilisation des terres. Le débordement des pasteurs de Kilombero vers d'autres zones a entraîné de nouveaux conflits d'utilisation des terres, tandis que le même discours sur la pénurie était reproduit dans ces zones également.

Ce récit résonne également avec les perceptions occidentales et malthusiennes largement partagées des problèmes de développement en Afrique. L'argument résulte donc davantage des images occidentales de « l'autre » que de faits empiriques. Cet « orientalisme » s'inscrit dans une longue tradition occidentale (Said 1978). Il consiste à considérer les petits exploitants agricoles et les pasteurs comme des victimes sans défense et en même temps comme des abuseurs pathologiques des paysages et des ressources naturelles. Ce type de raisonnement permet d'établir les acteurs externes, tels que les organismes gouvernementaux et les organisations internationales comme l'ONU, dans le rôle de porteurs de solution aux problèmes (Peluso & Watts 2001).

Contrairement au discours sur la pénurie et au déterminisme climatique, ce chapitre présente une écologie politique matérielle des conflits entre Peuls et Dogons dans le centre du Mali, en mettant l'accent sur le contexte historique et politique. Comme tout autre conflit violent (Ukraine, Israël/Palestine…), les conflits au Sahel ne peuvent être compris qu'à travers l'étude du contexte historique et des rapports de force qui se jouent entre les différents acteurs.

Les conflits entre peuls et dogons dans le Mali Central

Le 23 mars 2019, à 4 heures du matin, un groupe armé de chasseurs traditionnels dogons[2] a attaqué et tué 175 villageois peuls dans le village d'Ogossagou, dans les plaines du Seeno, au centre du Mali. Près de la moitié des victimes de cette horrible attaque étaient des enfants. Elle a immédiatement fait la une des journaux internationaux et a été présentée comme un nouvel exemple de « violence ethnique » en Afrique. Mais comme les Dogons se définissent avant tout comme des agriculteurs et les Peuls comme des pasteurs[3], la violence a également été présentée comme résultant des tensions classiques entre agriculteurs et pasteurs. Les médias ajoutent souvent que ces vieux conflits sont exacerbés par le dérèglement climatique et la croissance démographique, qui entraînent une raréfaction des ressources naturelles.

Le village d'Ogossagou se compose en fait de deux sous-villages distincts, l'un peul (Ogossagou Peul) et l'autre dogon (Ogossagou Dogon). À partir du XIXe siècle, la puissance militaire des Peuls a dominé les plaines et a chassé les Dogons de la région vers l'escarpement voisin où vivait la majeure partie de la population dogon. Ceux qui ne voulaient pas abandonner leurs fermes ont dû accepter de s'intégrer dans la société peule en tant que Rimaïbé – « esclaves » ou « serviteurs » des Rimbé Peuls de statut supérieur). Après la prise de contrôle de la région par la puissance coloniale française au début du XXe siècle et surtout après l'indépendance du Mali en 1960, les Dogons sont progressivement redescendus de l'escarpement voisin pour cultiver dans les plaines en contrebas (Petit 1998).

Le 14 février 2020, Ogossagou a de nouveau été tragiquement attaqué par des milices dogons (Figures 4.1 et 4.2). Cette fois-ci, 31 villageois peuls ont été tués. Ces deux attaques ne sont cependant pas uniques, même si la première se distingue par le nombre élevé de victimes. Selon les données de l'ACLED (Armed Conflict Locations and Event Data), 60 % des décès causés par la violence au Mali en 2019 ont eu lieu dans cette ceinture de savane sèche située en dessous de l'escarpement et du plateau de Bandiagara (appelée Seeno, voir Figure 4.1) (cité par International Crisis Group 2020)[4].

Relations foncières et gouvernance dans les plaines du Seeno

Les Dogons seraient originaires du sud du Mali actuel, dans une région située au sud de Bamako, et se seraient installés dans l'escarpement de Bandiagara à l'époque de l'Empire du Mali, aux XIIIe ou XIVe siècles, soit pour échapper à la conversion à l'islam par les Peuls, soit en raison de conflits internes au sein de leur propre lignée (Petit 1998, Brandts 2005). Selon la tradition orale, ils ont construit leurs villages dans l'escarpement rocheux avec une vue sur les plaines du Seeno pour être à l'abri des raids d'esclaves des Peuls, des Touaregs et des royaumes Mossi et Songhay.

Cependant, aux XVe et XVIe siècles, les Dogons ont pu descendre dans les plaines pour y pratiquer l'agriculture, notamment dans la région de Madougou, également appelée Ourokorohi, ce qui signifie « vieux villages ». Mais plus tard, aux XVIIIe et XIXe siècles, ils ont été repoussés vers l'escarpement par une expansion de Peuls originaires du delta. Les Dogons qui ne voulaient pas quitter leurs fermes ont ensuite été réduits en esclavage sous le nom de Rimaïbe (Petit 1998).

Dans l'escarpement et sur le plateau au-dessus, les sols sont pauvres et les bonnes terres agricoles sont rares, mais avec l'établissement du régime colonial français dans cette région à partir de 1905, de nombreux Dogons se sont sentis suffisamment en sécurité pour commencer à redescendre vers les plaines en contrebas pour cultiver (Gallais 1975, Petit 1998). De plus en plus, ils ont établi des hameaux de culture et ouvert de nouveaux champs (Nijenhuis 2009). En fait, pour les Dogons, les plaines ont historiquement représenté à la fois un « paradis perdu » et une « terre promise » (Petit 1998). Selon Van Beek (2005, p. 47),

> les Dogons ont envahi de plus en plus rapidement les zones nouvellement ouvertes, cultivant des champs et fondant des villages [...] Dans les premières décennies du siècle, les Dogons ont rapidement comblé les espaces vides de la carte, d'abord le long de l'actuelle frontière avec le Burkina Faso, où les sols sont plus fertiles, puis dans les plaines sablonneuses plus proches de l'escarpement.

Jusqu'à la colonisation dogon, ces plaines étaient utilisées de façon saisonnière par les pasteurs peuls qui se considèrent comme les propriétaires des pâturages sous l'autorité de la chefferie peule de Boni qui s'étend au sud de la ville de Boni et comprend également les plaines sablonneuses du Seeno (De Bruijn & van Dijk 1995). Alors que les Dogons ont transformé de vastes étendues de pâturages en terres agricoles depuis le début du XXe siècle, les agriculteurs dogons payaient parfois un paquet de mil après la récolte aux sous-chefs peuls locaux en guise de reconnaissance de leur droit de propriété (Nijenhuis 2009). Pendant plusieurs décennies, les nouvelles implantations n'ont cependant pas été considérées comme problématiques par les Peuls, car les terres étaient considérées comme abondantes.

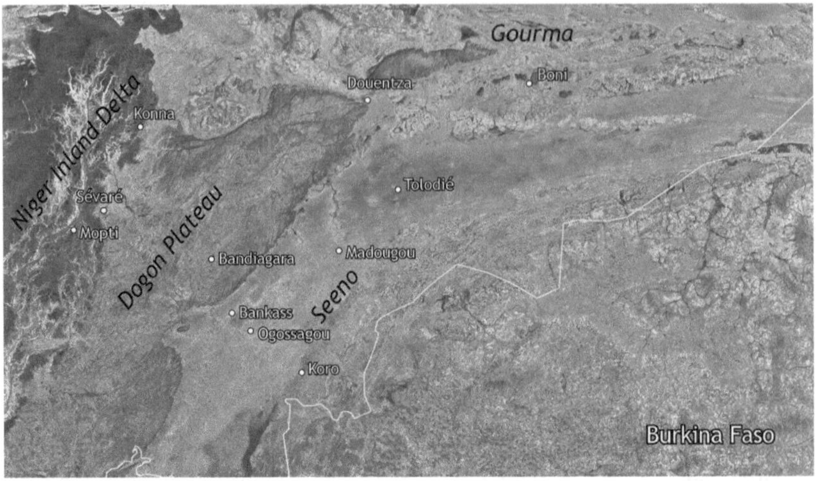

Figure 4.1 : Mali central.

Figure 4.2 : Repaire de la milice dogon Da Na Amassagou dans l'escarpement de Bandiagara au centre du Mali.

Source: Ibrahima Poudiougou.

Cette colonisation rapide serait le résultat de la « faim de terres » des Dogons liée à leur situation initiale de pénurie de terres sur l'escarpement, en plus de leur croissance démographique (Gallais 1975, Petit 1997). La population dogon est passée d'environ 100 000 au début du XXe siècle à au moins 300 000 au début des années 1970, selon van Beek (2005). Suite au recensement de la population de 2009[5], la région de Mopti comptait alors un peu plus de 2 millions d'habitants, dont 43 % de Dogons (et 23 % de Peuls). Cela donne une population dogon totale à l'époque d'environ 875 000 personnes (et 468 000 Peuls dans la région).

De plus, le remplacement de la houe par la charrue dans les années 1990 a facilité l'expansion de l'agriculture dans la région, ce qui a entraîné un doublement, voire un triplement de la taille des champs (Nijenhuis 2009).

L'évolution rapide de l'utilisation des terres peut également être associée à un changement dans les relations de pouvoir entre les Peuls et les Dogons :

> Au dix-neuvième siècle, les Fulbe ont dominé les Dogons, réduisant même nombre d'entre eux en esclavage. Au cours du XXe siècle, cependant, la domination des Fulbe a diminué et les différences de pouvoir sont devenues moins claires depuis lors. Dans le droit étatique colonial et postcolonial, les pasteurs sont désavantagés par rapport aux agriculteurs, car les droits coutumiers sur les terres sont reconnus, alors que les droits de pâturage ou les droits territoriaux ne le sont pas. Parfois, les Dogons (et les rimaïbe, les anciens esclaves Fulbe) sont devenus plus puissants que les Fulbe parce qu'ils sont plus nombreux et que leurs relations avec l'appareil d'État sont meilleures (Nijenhuis 2009, p. 77).

Bien que l'équilibre des forces soit passé des Peuls aux Dogons au fil du temps, les Peuls éprouveraient toujours un sentiment de supériorité, « ce qui semble continuer à gêner les Dogons dans leurs relations avec eux » (van Beek 2005, p. 66).

Dans certains cas, les Peuls peuvent s'opposer à l'expansion des terres agricoles, en particulier lorsque les traditionnels couloirs à bétail (*burtol*) sont bloqués (De Bruijn & Van Dijk 2005). Mais comme l'agriculture a généralement été soutenue par l'administration de l'État colonial et de l'État malien au détriment du pastoralisme, les pasteurs peuls ont rarement été en mesure d'empêcher que les pâturages soient envahis par les cultures (Benjaminsen & Ba 2009).

Cette situation a entraîné un nombre croissant de conflits fonciers dans le Seeno. Ces conflits se produisent entre Peuls et Dogons, mais aussi au sein de chacun de ces groupes (De Bruijn & Van Dijk 2005). La résolution des conflits peut se faire avec l'aide des anciens ou des érudits musulmans et, en général, ces conflits ne sont portés devant les tribunaux qu'en dernier recours. De Bruijn & Van Dijk (2005, p. 258) ajoutent, de manière intéressante, et il n'y a pas si longtemps, que « les conflits violents sont rares par rapport à d'autres régions d'Afrique de l'Ouest ».

Comme le montrent les dernières années, ce n'est malheureusement plus le cas. Dans ce qui suit, nous essayons de retracer l'histoire récente de ces conflits entre Dogons et Peuls dans le Seeno. La chronologie est basée sur des sources en ligne ainsi que sur des entretiens avec des personnes-ressources réalisés à Bamako en août 2019 avec le collègue malien Boubacar Ba (Benjaminsen & Ba 2021). Après l'indépendance du Mali en 1960, un nombre croissant de Dogons de l'escarpement sont descendus dans les plaines pour demander un accès aux terres aux Dogons et Peuls déjà installés dans les villages. Pendant la période coloniale, les Français avaient gouverné par l'intermédiaire du chef peul de Boni, qui était le chef de canton de cette région, y compris le Seeno (Sangaré 2018). Mais le gouvernement socialiste indépendant du Mali a suivi une politique à la fois antiféodale et anti-pastorale, qui a encouragé les agriculteurs à cultiver de nouvelles zones sans demander la permission aux autorités traditionnelles.

Les conflits fonciers sont apparus dans les années 1970 et 1980. Le premier conflit violent a eu lieu à Tolodié, qui est à la fois le nom d'un village et d'une zone pastorale. En 1975, un grand programme de développement de l'élevage (ODEM*), dont le principal bailleur de fonds était la Banque mondiale, avait commencé à creuser un total de 11 puits dans le Seeno, dont un à Tolodié. Le développement pastoral par l'amélioration de l'accès à l'eau était l'objectif du programme. Mais en rendant l'eau disponible en permanence dans de plus grandes parties des plaines, le programme de développement de l'eau a entraîné un nouvel afflux de population dans la région. Les droits sur l'eau sont toutefois restés flous. En examinant l'impact de ce programme, De Bruijn & van Dijk (1995, p. 84) ont constaté qu'étant donné que « tout le monde peut utiliser ces sources d'eau, les pasteurs avec leur bétail et les cultivateurs à la recherche de terres bien entretenues viennent de toute la région pour s'installer près de ces puits ».

Alors que Tolodié était une zone pastorale, le nouveau puits a également attiré des Dogons de l'escarpement qui se sont installés pour fonder des hameaux et ont en quelques années transformé la zone en zone agricole.

Cela a conduit les pasteurs peuls à demander à l'administration de l'État d'accepter la création d'un *harima* (une réserve de pâturage pour les vaches laitières qui ne suivent pas la migration annuelle). Cela leur a été accordé, mais la décision n'a pas été respectée par les agriculteurs qui ont continué à empiéter sur ces pâturages. Au fil du temps, un conflit est apparu, que le chef du village pastoral de Mbana a porté devant les tribunaux – un procès qu'il a gagné en 2002. Cependant, la décision de justice n'a pas été appliquée par l'administration en raison de la corruption.

Un Dogon a même continué à cultiver à l'intérieur du harima, et un jour d'août 2002, il a été retrouvé assassiné. Le lendemain de la découverte du corps, les Dogons de la zone se rencontrèrent et le matin suivant ils pénétrèrent Mbana et tuèrent le chef du village ainsi que sept autres personnes.

Après cette attaque, les Peuls locaux se sont mobilisés pour expulser tous les Dogons de la région de Tolodié, une expulsion qui a été acceptée par l'administration locale de l'époque. Mais dans les années qui ont suivi, les Dogons ont réussi à revenir progressivement dans la région pour y cultiver des terres.

Quelques années plus tard, en 2017, certains Dogons, sans l'autorisation du chef de village dogon local, ont commencé à demander des redevances aux pasteurs peuls pour pâturer autour de leurs hameaux. Un Dogon a également empiété sur le harima avec ses champs. Le 17 juin 2017, alors qu'il se rendait au marché local avec son fils, il aurait été tué par des Peuls (que d'autres appellent des « djihadistes »)[6].

Cela a conduit un groupe de Dogons à organiser un acte de vengeance, qui s'est traduit par l'incendie de hameaux peuls et le meurtre de 40 Peuls dans la région de Tolodié. Le lendemain, des Peuls ont incendié des hameaux dogons et tué six Dogons.

Ces violences à Tolodié en 2002 et 2017 sont considérées comme un événement clé qui a conduit à l'escalade des conflits violents entre Peuls et Dogons. Un autre événement clé a été l'attaque de Sari par les Dogons le 22 mai 2012. Sari est un village situé entre Koro et la frontière du Burkina Faso. Lors de cette attaque, 350 huttes ont été brûlées, 774 têtes de bétail ont été capturées et 21 villageois peuls ont été tués, en plus de plusieurs blessés.

À l'origine du conflit de Sari, il y a une contestation de l'obstruction d'un couloir à bétail par l'agriculture. Cette affaire est également traitée depuis plusieurs années par les tribunaux – d'abord le tribunal de première instance de Koro, puis la cour d'appel de Sévaré – sans qu'aucune solution n'ait été trouvée, bien que les jugements aient été en faveur de la reconnaissance des éleveurs peuls comme premiers arrivants dans la région. Le village de Sari aurait été fondé par des Peuls avant l'Empire Macina (1818-1862). L'agriculture dogon s'est surtout développée dans la région après l'indépendance du Mali, alors que les terres cultivées ont progressivement bloqué les déplacements et l'accès aux pâturages des pasteurs.

Alors que l'attaque de Sari était en cours, le chef du village avait appelé à l'aide le chef suprême peul de Boni. Cette demande a toutefois été rejetée. Boni était alors occupé par le groupe rebelle laïc MNLA*, dominé par les Touaregs, auquel le chef de Boni était allié. Son refus d'aider Sari a été interprété comme une trahison à l'égard des Peuls ordinaires, et pas seulement à Sari. Cet acte a renforcé le clivage existant entre les élites peules et les Peuls « ordinaires », et a poussé de nombreux pasteurs peuls dans les camps des organisations djihadistes. L'absence de soutien à Sari lorsque l'aide a été demandée a également motivé les groupes djihadistes en 2016 à attaquer l'élite peule à Boni.

Le conflit de Sari et ses conséquences démontrent le clivage au sein de la société peule entre les élites traditionnelles et les bergers ordinaires (Benjaminsen & Ba 2019, Jourde *et al.* 2019). En même temps, il s'agit aussi d'une représentation d'un conflit classique entre agriculteurs et pasteurs pour le contrôle de l'espace. En outre, ce conflit entre agriculteurs et pasteurs s'est transformé en une confrontation entre l'armée malienne qui soutenait les milices dogons et les groupes djihadistes que de nombreux éleveurs peuls ont rejoints.

Pénurie et verdissement

Le reverdissement du Sahel est également observé dans les plaines du Seeno et sur le plateau Dogon, comme l'ont démontré Brandt *et al.* (2014) qui ont détecté une tendance au reverdissement avec une augmentation du couvert arboré dans la région sur la période 1982-2010, associée à une augmentation des précipitations annuelles.

Si l'existence d'une pénurie induite par l'offre dans le Seeno peut être remise en question par le reverdissement, il existe toujours un élément de pénurie induite par la demande en raison de la croissance de la population. La « faim de terres » des Dogons a des causes historiques et est le résultat d'une pénurie de terres produite historiquement au pays des Dogons (escarpement et plateau).

Pendant des siècles, ils ont été confinés dans cette région rocheuse et pauvre en terres, car ils risquaient d'être capturés comme esclaves s'ils descendaient dans les plaines riches en terres situées en contrebas.

Après la disparition de cette menace, et encouragés par un environnement politique favorisant davantage les agriculteurs que les pasteurs, les Dogons ont colonisé les plaines et, en de nombreux endroits, transformé un paysage pastoral en terres agricoles. Cela a conduit à une compétition croissante pour l'espace, en particulier lorsque des unités foncières pastorales clés sont empiétées, telles que les burtol (couloirs à bétail) et les harima (pâturages pour les vaches laitières). Par conséquent, les pasteurs ont souvent perdu cette compétition en raison d'un environnement politique défavorable.

Insurrection, contre-insurrection et violence communale

Au Mali, les milices ont souvent été utilisées en temps de crise pour soutenir les forces armées (Diallo 2017). Pendant la rébellion touarègue des années 1990, une milice – Ganda Koy – basée sur la population sédentaire de l'ethnie Songhay a été formée en 1994, qui avait des liens étroits avec l'armée. Outre l'autodéfense, la Ganda Koy avait clairement pour objectif de terroriser les civils touaregs (Lode 1997, Benjaminsen 2008). Sa direction était composée d'anciens officiers de l'armée qui portaient même des uniformes de l'armée malienne lors de leurs actions (Boisvert 2015).

D'autres milices favorables au gouvernement au Mali sont Ganda Iso, qui a été créé en 2008 pour protéger les Peuls de la région d'Ansongo contre les attaques des Touaregs, et GATIA* créé en 2014 et composé de Touaregs ayant un passé dans l'armée malienne.

L'armée a reconnu avoir fourni une formation et un soutien logistique à ces milices (Boisvert 2015). Selon Charbonneau (2020), la force française Barkhane a également travaillé avec ces groupes dans le cadre de ses efforts de lutte contre le terrorisme au Mali, ce qui a permis aux différentes milices d'accroître leur pouvoir et d'exacerber les tensions intercommunautaires.

Les milices sont souvent créées par des chefs de communauté « pour compenser la protection insuffisante des forces de sécurité de l'État et garantir ainsi la protection contre la violence des groupes rivaux » (Ibrahim et Zapata (2018, p. 14). Certaines communautés sont également alliées à des groupes djihadistes pour obtenir une protection ainsi qu'une formation militaire et un accès aux armes, et certaines communautés encouragent les jeunes hommes à rejoindre ces groupes (Ibrahim & Zapata 2018).

Da Na Amassagou est la dernière-née des milices progouvernementales au Mali (Figure 4.2). Elle est généralement considérée comme une milice dogon composée de chasseurs traditionnels dogons ainsi que d'anciens officiers et soldats de l'armée appartenant à l'ethnie dogon, mais aussi de quelques combattants appartenant à l'ethnie bambara.

Cette milice a été créée en décembre 2016 pour protéger la population dogon contre les attaques djihadistes (Bourgeot 2019). En 2018, Da Na Amassagou a vu sa puissance opérationnelle augmenter lorsqu'elle a commencé à recevoir un soutien de l'État à la suite d'une initiative du Premier ministre de l'époque. Ce soutien comprenait des armes de poing automatiques (par ex. : des kalachnikovs) et des lance-grenades RPG. Ce soutien a également permis à Da Na Amassagou d'établir plusieurs camps d'entraînement dans les *cercles* (districts) de Bankass, Koro, Bandiagara, Tominian et Douentza.

L'objectif de Da Na Amassagou semble également avoir changé au fil du temps, passant de la défense des villages dogons à l'attaque active des villages peuls. En 2018, la milice aurait commencé à attaquer systématiquement les villages peuls en mettant le feu aux bâtiments et en chassant les civils peuls. Les Peuls étant considérés comme associés à des groupes djihadistes, cette opération peut être considérée comme une forme de contre-insurrection soutenue par l'État à l'epoque. Plusieurs milliers de Peuls ont ainsi fui vers le Burkina Faso pour y trouver refuge.

La stratégie de cette milice

> est de ne pas affronter les djihadistes responsables de l'attaque, mais plutôt de viser des cibles molles – en l'occurrence, des civils peuls. Par ailleurs, il arrive que des groupes armés profitent du contexte des conflits pour régler de vieux comptes et différends, notamment des conflits liés aux ressources naturelles (Ibrahim & Zapata 2018, p. 18).

Le soutien actif de l'État à Da Na Amassagou s'est poursuivi jusqu'en avril 2019, lorsque des critiques publiques et des manifestations à Bamako ont conduit l'ancien président Keita à remplacer le Premier ministre. Le gouvernement a alors adopté une nouvelle approche, ordonnant notamment à la milice, en février 2020, de démanteler cinq barrages routiers dans le Seeno.

Alors que les interventions militaires au Mali, à travers la mission MINUSMA de l'ONU et l'opération française Barkhane en particulier, devraient être comprises comme des expressions de la politique de contre-insurrection (Charbonneau 2019), le revers de la médaille de ces efforts est le soutien du gouvernement et l'utilisation des milices pour une telle contre-insurrection. En 2018-2019, le soutien actif de l'État à Da Na Amassagou a entraîné une escalade de la violence entre Peuls et Dogons et une augmentation des tensions communautaires à un niveau qui semble irrémédiable depuis plusieurs décennies.

Il est toutefois intéressant de noter qu'un contre-mouvement dogon, Da Na Atem, a été créé en 2020. Il condamne les violences perpétrées par Da Na Amassagou et soutient au contraire les négociations directes avec les Peuls et les groupes djihadistes. Lors de ces négociations locales sans implication de l'État, les groupes djihadistes ont posé comme condition l'expulsion de Da Na Amassagou, l'interdiction des armes au niveau local, l'introduction de lois familiales et de taxes basées sur la charia, et l'interdiction de tout contact avec l'État et l'armée maliens (Ba & Cold-Ravnkilde 2021). Alors que l'intervention militaire étrangère s'est alliée à l'armée malienne, responsable de graves violations des droits de l'homme et qui a soutenu des milices violentes telles que Da Na Amassagou, l'émergence de ces accords de paix locaux démontre la complexité des acteurs et des intérêts dans les conflits au Mali, contrairement aux récits simplistes des médias et des politiques.

Conclusions

Les observateurs extérieurs ont tendance à présenter les conflits entre agriculteurs et pasteurs au Sahel comme étant motivés soit par l'appartenance ethnique, soit par la raréfaction des ressources due au dérèglement climatique ou à la croissance démographique, soit par une combinaison de ces facteurs. Bien que ces éléments puissent être pertinents, ce que nous constatons également dans le cas des violences entre Peuls et Dogons au Mali, les récits sur l'ethnicité ou la pénurie servent également à simplifier les explications des conflits et à passer sous silence des causes profondes plus complexes liées aux relations foncières historiques et contemporaines.

Afin de mieux comprendre ces luttes pour la terre qui dégénèrent en violence, il est donc nécessaire d'étudier les politiques matérielles de la gouvernance foncière dans un contexte historique. Cela conduira à des explications qui vont au-delà de simples chaînes de causalité où le Sahel est considéré comme une arène où la rareté croissante des ressources affecte les moyens de subsistance, ce qui déclenche à nouveau des migrations ou des conflits.

Dans le cas des tueries entre Peuls et Dogons dans les plaines du Seeno, au centre du Mali, qui durent depuis quelques années, une série de faits et de processus historiques plus anciens et plus récents ont conduit à la situation actuelle. Tout d'abord, les Dogons ont dû se réfugier dans l'escarpement de Bandiagara et sur le plateau dogon pour éviter d'être capturés comme esclaves s'ils descendaient dans la savane abondante en contrebas. Si les Dogons ont réussi à s'installer dans les plaines pour y pratiquer l'agriculture aux XVe et XVIe siècles, ils ont ensuite été chassés vers l'escarpement par l'expansion des Peuls aux XVIIIe et XIXe siècles.

Les Dogons se sont de nouveau déplacés vers le Seeno avec la colonisation française, et surtout après l'indépendance, lorsque le nouveau gouvernement socialiste du Mali a suivi un programme antiféodal et anti-pastoral qui a motivé et accéléré la migration des Dogons vers les plaines. En outre, les politiques et les lois foncières du Mali ont continué à favoriser l'agriculture au détriment du pastoralisme. Cela a encouragé la transformation d'un paysage pastoral en terres agricoles, y compris le blocage des couloirs à bétail et l'empiètement sur des pâturages clés, ce qui a conduit à l'émergence de conflits entre les agriculteurs et les pasteurs. En outre, l'accès aux terres pastorales a souvent été perdu en raison de la corruption des fonctionnaires et des élites traditionnelles, ce qui a de plus en plus donné aux pasteurs un sentiment de déresponsabilisation et de marginalisation.

Après l'émergence d'une crise nationale au Mali à partir de 2012 et la prise de contrôle par les djihadistes du nord et du centre du pays, de nombreux pasteurs peuls ont été attirés par un discours djihadiste antigouvernemental, anti-élite et pro-pastoral. Alors que les Dogons avaient accru leur pouvoir par rapport aux Peuls depuis l'indépendance jusqu'en 2012, ce rapport de force a commencé à basculer en faveur des Peuls avec l'arrivée de groupes djihadistes dans la région.

La création de la milice dogon Da Na Amassagou, qui a attaqué et tué un grand nombre de villageois peuls, peut être considérée comme une réponse à la menace d'un retour au pouvoir des Peuls, dont de nombreux Dogons craignent qu'il ne les place à nouveau en position de subordonnés. En outre, l'armée malienne n'ayant pas réussi à vaincre les djihadistes, l'État a soutenu les milices en leur fournissant des armes lourdes et en les entraînant à combattre les groupes d'insurgés à sa place. L'escalade récente de ce conflit entre agriculteurs et pasteurs peut donc être considérée comme une manifestation de l'insurrection djihadiste et de sa contre-insurrection.

Enfin, si l'ethnicité et la pénurie sont clairement pertinentes dans ce cas, ces facteurs n'expliquent pas les conflits. Nous constatons également qu'il existe des conflits parmi les Peuls – entre les élites et les subordonnés et entre les pasteurs peuls adhérant à différents groupes djihadistes qui se battent pour les droits de pâturage. Les Dogons sont également divisés entre une milice violente et une nouvelle organisation qui cherche à négocier avec les Peuls et les groupes « djihadistes ».

Si les Dogons ont été historiquement piégés dans une situation de pénurie de terres, la situation a changé surtout après l'indépendance. Plus récemment, l'utilisation accrue des terres a comblé l'espace dans le Seeno, créant ainsi une pénurie de terres, mais il semble qu'il s'agisse davantage d'une pénurie créée politiquement par l'échec de la gouvernance foncière de l'État que d'une pénurie physique absolue. Le Sahel, y compris le Seeno, a également reverdi au cours des dernières décennies, contrairement à ce qu'affirment les médias et les politiques.

En plus de démontrer le contexte complexe de la crise actuelle au Mali et le fait que les récits simplistes sur ses causes ne sont pas utiles à notre compréhension de cette crise, ce cas montre également que la vision de l'ennemi comme « terroriste » ou « djihadiste » est dangereuse et susceptible d'alimenter des conflits violents.

Notes

1 Le terme « conflit » a été utilisé de différentes manières. Il peut se référer à des tensions entre des groupes d'utilisateurs de ressources, entre des individus, ou entre des utilisateurs de ressources et l'État. Il a également été utilisé pour désigner des désaccords oraux sur l'utilisation des terres portés devant les tribunaux, des expulsions d'utilisateurs de ressources, des vols, des razzias de bétail et des violences à grande échelle entre groupes impliquant de nombreux meurtres (Hussein *et al.* 1999).

2 Le rôle traditionnel des chasseurs dans la société dogon est de défendre le village en général et de surveiller le territoire du village en dehors des zones cultivées. Cela inclut le contrôle de la coupe du bois et de la chasse à la faune sauvage.

[3] Bien que les Dogons s'identifient principalement comme des agriculteurs et de nombreux Peuls comme des pasteurs, la plupart des populations rurales du centre du Mali ont diversifié leurs stratégies de subsistance afin de réduire leur vulnérabilité. Cela signifie que de nombreux Dogons élèvent du bétail et que de nombreux Peuls cultivent du mil en particulier (Nijenhuis 2009).

[4] Les données de l'ACLED indiquent que plus de 2 000 personnes ont été tuées dans cette vague de violence en 2019 et au cours des quatre premiers mois de 2020 (International Crisis Group 2020).

[5] Recensement général de la population et de l'habitat du Mali (RGPH) : résultats définitifs, Tome 1 : série démographique, Institut national de la statistique, novembre 2011.

[6] Il existe différentes versions de cette histoire. Certains disent que ce Dogon avait tué deux pasteurs de l'aire de Boni qui l'accusaient de voler du bétail. D'autres disent qu'il était un chasseur important qui était déjà en train d'organiser une milice dogon pour préparer une attaque contre les Peuls.

Transformation verte, boisement, dépossession de terres et contexte

Écomodernisme, décroissance et boisement

Au cours des dix ou vingt dernières années, la fréquence des événements liés au climat (ouragans, incendies, inondations, sécheresses, vagues de chaleur, fonte des glaces) ainsi que les nouvelles recherches sur le climat et les récents rapports du GIEC*, dont les messages portent de plus en plus la marque de l'urgence, ont conduit à une prise de conscience mondiale croissante du fait que la crise climatique représente une situation d'urgence qui nécessite une action rapide.

Cependant, les idées sur la nature de cette action sont très différentes. Lors de la conférence Rio+20 qui s'est tenue à Rio de Janeiro en 2012, l'« économie verte » a été présentée comme un nouvel instrument permettant de mettre en œuvre cette action (PNUE* 2011, OCDE* 2012, Banque mondiale 2012). Soutenu par de puissants intérêts économiques et politiques, le discours sur l'économie verte s'est encore renforcé depuis la réunion de Rio. Il tend à se concentrer sur des solutions technologiques et basées sur le marché pour favoriser des scénarios à triple bénéfice (atténuation du dérèglement climatique, conservation de la biodiversité, développement des moyens de subsistance) à l'aide d'une croissance économique verte.

Cette approche dominante de la transformation verte inspire aujourd'hui les politiques de la plupart des pays du Nord et souvent aussi du Sud. Cette approche a été précisée dans le « Manifeste écomoderniste » publié par le Breakthrough Institute à Washington DC (Asafu-Adjaye *et al.* 2015). Ce manifeste décrit les principales mesures que l'humanité doit prendre pour « permettre une bonne, voire une grande, anthropocène » (Asafu-Adjaye *et al.*

2015, p. 6). L'objectif principal est de découpler les économies des impacts environnementaux grâce à des pratiques agricoles intensifiées basées sur une agriculture de haute technologie à grande échelle, combinées à une urbanisation accrue et à la conservation des terres rurales « inutilisées ». En revanche, la modernisation n'est pas considérée comme possible dans une économie agraire fondée sur la subsistance. Il en résulte que les pays du Sud devraient s'urbaniser et remplacer l'agriculture et le pastoralisme à petite échelle par de grandes exploitations à forte intensité technologique capables de nourrir les populations urbaines (Bergius *et al.* 2018).

Cela signifie que l'écomodernisme implique une approche de croissance verte axée sur le développement de villes vertes combinées à la conservation de la nature sauvage, à la dépossession des petits agriculteurs et des pasteurs considérés comme des producteurs inefficaces, et au développement de l'agro-industrie modernisée à grande échelle. Dans cette optique, la plupart des gens devraient vivre dans les villes, tandis que les zones rurales sont utilisées pour l'agriculture à grande échelle et la conservation des zones « inutilisées ». En d'autres termes, les écomodernistes ne semblent pas se préoccuper outre mesure des conséquences sociales et écologiques locales de leur optimisme en matière de technologie et de marché.

L'écomodernisme semble également être l'une des principales prémisses de la plupart des scénarios du GIEC*, qui s'appuient sur une croissance économique verte, un dépeuplement à grande échelle des zones rurales, une urbanisation accélérée, une réduction des terres cultivées et des pâturages et le boisement[1] d'énormes zones (Bluwstein & Cavanagh 2023). Bien que le GIEC* ait également reconnu récemment que la décroissance, définie comme une réduction de la production et de la consommation dans le Nord, pouvait constituer une approche alternative de la transformation sociétale (Ara Begum *et al.* 2022), les idées écomodernistes dominent toujours dans les rapports du GIEC*.

Dans les débats publics et universitaires plus larges sur l'environnement et le climat, il y a cependant un intérêt croissant pour les idées de décroissance plus radicales, bien que ces idées aient encore une influence politique marginale, et tendent à être confinées aux milieux activistes et à certains milieux universitaires.

Selon Jason Hickel[2], éminent défenseur de la décroissance, cette dernière implique une réduction planifiée de l'utilisation globale des ressources et de l'énergie dans les pays à revenu élevé afin de rester dans les limites de la planète. Cette réduction est nécessaire, car ces limites sont actuellement dépassées. Les données disponibles montrent que la croissance du PIB est étroitement liée à l'utilisation des ressources, aux dommages écologiques et à la perte de biodiversité. Selon M. Hickel, le dépassement actuel des limites planétaires est principalement le fait des pays riches, qui sont responsables de 92 % des émissions excédentaires et dont l'empreinte matérielle est quatre fois supérieure au niveau durable. La croissance verte dans le Nord, basée sur les énergies renouvelables telles que l'énergie solaire et éolienne, se traduira également par une augmentation de l'extractivisme dans le Sud, qui fournit la plupart des matériaux nécessaires à ces technologies.

Cela signifie, selon M. Hickel, que la nécessité pour les pays riches de réduire leur économie ne se limite pas à l'écologie et au dérèglement climatique. Cela implique également un appel à la décolonisation des schémas d'utilisation des ressources mondiales et à la fin de l'appropriation par le Nord des ressources du Sud. Une grande partie de la croissance actuelle du Nord est alimentée par l'appropriation des ressources dans les pays pauvres, ce qui favorise le consumérisme et l'accaparement des élites. Il en résulte que le Nord doit rester dans les limites de la planète, tandis que le Sud doit être en mesure de répondre aux besoins humains.

Enfin, il n'existe aucune preuve d'un découplage absolu à long terme, selon Hickel. Ce découplage est le principe de base de la croissance verte et de l'écomodernisme. Il est également peu probable qu'il se produise à l'avenir en raison du paradoxe de Jevons (l'effet de rebond)[3] affirme-t-il.

Comme nous l'avons mentionné, la plupart des scénarios du GIEC* reposent sur l'hypothèse d'une croissance économique continue dans les pays industrialisés. Pour atténuer cette croissance, les scénarios s'appuient fortement sur la bioénergie avec captage et stockage du carbone (BECSC*)[4] et le boisement. Mais ces méthodes d'élimination du dioxyde de carbone atmosphérique nécessiteront, pour compenser la croissance prévue, l'accès à d'énormes superficies, jusqu'à trois fois la taille de l'Inde, qui seront pour la plupart exploitées dans les pays du Sud (Hickel 2021). C'est pourquoi il est nécessaire de ramener l'utilisation des ressources à des niveaux durables dans les pays riches.

Cependant, comme le souligne Cavanagh (2021), Hickel a aussi curieusement écrit des articles positifs sur le scénario Low Energy Demand (LED) du

GIEC* (Grubler *et al.* 2018) en tant que scénario alternatif visant à rester dans les limites de l'objectif climatique de 1,5 degré. Hickel y voit un scénario de décroissance, puisqu'il combine une réduction de 40 % de la consommation mondiale d'énergie d'ici 2050 avec un évitement de la BECSC*. Le problème est qu'au lieu de s'appuyer sur la BECSC, le scénario LED dépend d'un boisement à grande échelle de 646 millions d'hectares d'ici 2100. Cela équivaut à environ deux fois la taille de la masse continentale de l'Inde. La majeure partie de ce boisement devrait avoir lieu en Afrique, où l'on pense qu'il y a de grandes étendues de terres disponibles. Une telle conversion à grande échelle de terres agricoles et de pâturages productifs pour atténuer le dérèglement climatique comporte un risque élevé d'aggravation des conflits suite au déplacement des populations et à la résistance potentielle des personnes dépossédées (Cavanagh & Benjaminsen 2022).

Plutôt qu'une critique de la décroissance, cet exemple illustre l'ampleur du problème climatique, la nécessité de réduire radicalement l'utilisation de l'énergie et des matériaux, la menace potentielle pour la justice climatique de certaines technologies d'élimination du dioxyde de carbone auxquelles on fait généralement confiance, et le danger de s'appuyer sur ces méthodes (McElwee 2023).

Dans le même ordre d'idées, Deprez *et al.* (2024, p. 484) rapportent que

> le dernier rapport du groupe de travail III (WGIII) du GIEC* estime le « potentiel d'atténuation technique » supérieur de la BECSC* et de l'A/R[5] à 11,3 et 10 gigatonnes de CO_2 par an ($GtCO_2$/an), respectivement. Ensemble, cela pourrait nécessiter de convertir jusqu'à 29 millions km2 de terres – plus de trois fois la superficie des États-Unis – en cultures bioénergétiques ou en arbres, ce qui pourrait plonger plus de 300 millions de personnes dans l'insécurité alimentaire.

Bien que le boisement à grande échelle soit une forme d'atténuation extrêmement gourmande en terres et qu'il soit susceptible d'affecter négativement les moyens de subsistance et d'accroître les conflits liés à l'utilisation des terres, le boisement est encore largement considéré comme un moyen simple et efficace de lutter contre le dérèglement climatique. Par exemple, un article influent paru dans Science, qui a utilisé l'imagerie satellitaire et l'apprentissage automatique et qui a bénéficié d'une large couverture médiatique, a déclaré que

> la restauration des arbres reste l'une des stratégies les plus efficaces pour atténuer le dérèglement climatique. Nous avons cartographié la couverture arborée potentielle mondiale pour montrer que 4,4 milliards d'hectares de couvert végétal pourraient exister sous le climat actuel. En excluant les arbres existants et les zones agricoles et urbaines, nous avons constaté qu'il y a de la place pour une couverture arborée de 4,4 milliards d'hectares dans le climat actuel. En excluant les arbres existants et les zones agricoles et urbaines, nous avons constaté qu'il y a de la place pour 0,9 milliard d'hectares supplémentaires de canopée, ce qui pourrait stocker 205 gigatonnes de carbone dans des zones qui abriteraient naturellement des bois et des forêts. Cela montre que la restauration des arbres à l'échelle mondiale est l'une des solutions les plus efficaces à ce jour pour réduire les émissions de carbone (Bastin *et al.* 2019).

Cependant, l'article a également reçu immédiatement plusieurs réponses critiques. L'une d'entre elles soulignait que 205 gigatonnes équivalent à 20 fois les émissions annuelles actuelles de combustibles fossiles et à environ un tiers des émissions anthropiques historiques totales (Veldman *et al.* 2019). Ces chiffres sont largement exagérés, selon ces critiques. Par exemple, Bastin *et al.* (2019) ont supposé que les zones dépourvues d'arbres n'ont pas de carbone organique dans le sol, alors que les savanes tropicales humides stockent 86 % de tout le carbone dans les sols, que les déserts et les zones arbustives contiennent 5,1 tC/ha dans les sols, et que même dans les forêts boréales, les sols contiennent 64 % du carbone de l'écosystème. Comme les arbres plantés risquent de supplanter l'herbe, la plantation d'arbres dans les zones de savane n'est souvent pas très utile en termes de piégeage du carbone.

Un autre point critique non pris en compte par Bastin *et al.* (2019) est que les plantations forestières, en particulier d'eucalyptus et de pins, sont très vulnérables aux incendies et peuvent même devenir plus vulnérables avec des températures plus élevées, tandis que le carbone du sol dans les prairies et les savanes est résistant au feu (Bond *et al.* 2019).

Suite à toutes les critiques scientifiques, Bastin *et al.* (2019) ont par la suite corrigé leur article dans Science avec un erratum dans la revue. L'attention des médias avait cependant déjà eu un impact considérable sur l'opinion publique. Le Guardian rapporta par exemple (4 juillet 2019) que « la plantation d'arbres "a un potentiel époustouflant" pour lutter contre la crise climatique ».

Le journal citait ensuite le chercheur principal de l'étude, le professeur Tom Crowther de l'université suisse ETH Zürich, qui avait déclaré que « cette nouvelle évaluation quantitative montre que la restauration [des forêts] n'est pas seulement l'une de nos solutions au dérèglement climatique, c'est aussi, et de loin, la meilleure ».

Commentant cette étude, Christiana Figueres, ancienne responsable des Nations unies pour le climat, a déclaré :

> nous disposons enfin d'une évaluation fiable de la superficie des terres que nous pouvons et devons couvrir d'arbres sans empiéter sur la production alimentaire ou les zones d'habitation. Il s'agit d'un plan extrêmement important pour les gouvernements et le secteur privé.

René Castro, sous-directeur général de la FAO*, a également soutenu ce boisement à grande échelle en déclarant que « nous disposons désormais d'une preuve définitive de la superficie potentielle des terres où les forêts peuvent repousser, des endroits où elles pourraient exister et de la quantité de carbone qu'elles pourraient stocker ».

D'autres titres indiquaient que « la restauration massive des forêts pourrait considérablement ralentir le réchauffement climatique » (Scientific American 4 juillet 2019), ou « comment lutter contre le dérèglement climatique ? Planter un trillion d'arbres » (Voice of America 14 juillet 2019), ou encore « la meilleure façon de lutter contre le dérèglement climatique ? Planter un trillion d'arbres » (Al Jazeera 4 juillet 2019), et « comment effacer 100 ans d'émissions de carbone ? Planter des arbres – beaucoup d'arbres » (National Geographic 4 juillet 2019).

Plusieurs campagnes mondiales de plantation d'arbres ont suivi ces idées. the Bonn Challenge, lancé par le gouvernement allemand et l'UICN*, a déclaré qu'il avait « pour objectif mondial de restaurer 150 millions d'hectares de paysages dégradés et déboisés d'ici 2020 et 350 millions d'hectares d'ici 2030 », principalement par le biais de la plantation d'arbres.

L'Initiative pour la restauration des forêts africaines (AFR100) est un programme de plantation d'arbres affilié au the Bonn Challenge. Elle vise à « restaurer 100 millions d'hectares de terres en Afrique d'ici à 2030 ». Jusqu'à présent, 34 pays africains ont rejoint la campagne, selon le site web de l'AFR100. L'un de ces pays est le Mali, où il n'existe qu'un seul projet. Le site web de ce projet indique que :

> la région du Sahel a perdu des millions d'hectares de terres agricoles facilement accessibles au profit du désert, créant ainsi une insécurité alimentaire et une perte de revenus pour des milliers de personnes, certaines en raison du dérèglement climatique et d'autres en raison de la poursuite des activités pastorales. « Les pasteurs qui amènent des animaux et coupent des arbres provoquent des conflits avec les

> agriculteurs et c'est un problème majeur dans nos régions », dit le chef de projet [...] « Le projet vise d'abord à réunir les agriculteurs et les pasteurs, puis à reboiser la plupart des zones qui ont été déforestées par le bétail... (et il) a l'intention d'étendre les pratiques de reverdissement dans les régions de San et de Tominian au Mali, de renforcer leur capacité à s'étendre et de travailler avec davantage d'agriculteurs pour produire et faire pousser plus d'arbres au fil du temps ».

La campagne Plant à Billion Trees de The Nature Conservancy est un autre programme majeur de boisement et de reboisement. La plantation d'arbres est présentée comme faisant partie des « solutions climatiques naturelles ». Se référant à l'initiative mondiale du Forum économique mondial visant à faire pousser, restaurer et conserver un trillion d'arbres dans le monde et, anticipant les critiques des défenseurs de l'environnement, The Nature Conservancy déclare que le fait qu'une telle

> campagne visant à planter un trillion d'arbres [occupe] le devant de la scène à Davos est un signe que le vent souffle dans nos voiles. Le fait que des dirigeants politiques et des chefs d'entreprise se joignent également à cette campagne ne diminue en rien la véracité des données scientifiques relatives aux solutions climatiques naturelles.

Cependant, les dirigeants politiques sont attirés par la plantation d'arbres à grande échelle en raison des coûts relativement faibles et des solutions rapides apparentes qu'elle implique (Deprez *et al.* 2024). En outre, l'utilisation d'arbres et de forêts dans des pays lointains comme élément clé de l'atténuation du dérèglement climatique par les pays riches est considérée comme une mesure qui détourne l'attention des discussions controversées au niveau national sur les niveaux de consommation qui tendent à provoquer le mécontentement des électeurs nationaux (Benjaminsen & Hiernaux 2019).

Les gouvernements des pays producteurs de combustibles fossiles peuvent, en particulier, être attirés par des solutions au dérèglement climatique basées sur les forêts et les arbres. La Norvège, par exemple, est de loin le plus grand pays fournisseur d'initiatives visant à utiliser la conservation des forêts tropicales comme solution au problème du climat par le biais de la REDD* (réduction des émissions dues à la déforestation et à la dégradation des forêts). S'il est important de mettre un terme à la déforestation, la REDD* a également conduit à la dépossession des petits utilisateurs de forêts sans compensation (Svarstad & Benjaminsen 2017, Asiyanbi & Lund 2020, Benjaminsen & Svarstad 2021). Ces coûts sociaux sont passés sous silence par la Norvège, par exemple lors des réunions sur le climat où ce type d'action est encouragé.

Dans le même ordre d'idées, la famille royale des Émirats Arabes Unis a créé l'entreprise Blue Carbon quelques mois seulement avant le sommet sur le climat COP 28 à Dubaï en 2023. Dès avant la réunion sur le climat, l'entreprise avait réussi à conclure des accords avec cinq pays africains : le Zimbabwe, la Zambie, le Kenya, le Libéria et la Tanzanie. Ces accords prévoient la conservation des forêts et le boisement d'une superficie équivalente à celle du Royaume-Uni. Les pays producteurs de combustibles fossiles, tels que la Norvège et les Émirats, espèrent ainsi utiliser les arbres pour écologiser leur production de pétrole et de gaz par la vente de crédits de carbone.

Les gouvernements africains sont eux aussi clairement attirés par ces projets, en raison des investissements financiers initiaux, y compris les promesses de création d'emplois et le financement d'infrastructures (Bond *et al.* 2019).

Pour illustrer l'attrait politique des pays riches pour la plantation d'arbres, le Washington Post rapporte (2 août 2023) que « les républicains veulent planter un trillion d'arbres » :

> « Dieu a doté l'Amérique de ressources », a déclaré Kevin McCarthy, président de la Chambre des représentants. « Si nous avons la capacité de produire ces ressources, l'Amérique sera plus forte et le monde sera plus sûr ». La fumée des incendies de forêt au Canada flottait dans l'air pendant que M. McCarthy s'exprimait. Interrogé sur ses projets pour prévenir d'autres incendies et d'autres catastrophes alimentées par le dérèglement climatique, M. McCarthy a proposé une stratégie très prisée par les républicains : planter un trillion d'arbres. Ce plan a des partisans de premier plan. Le président Donald Trump a annoncé en 2020 que les États-Unis se joindraient à une initiative mondiale visant à planter un trillion d'arbres, malgré son opposition à l'égard de la science du climat. Le président de la commission des ressources naturelles de la Chambre des représentants a présenté un projet de loi visant à planter un trillion d'arbres en tant que « solution globale et pratique aux problèmes climatiques auxquels nous sommes confrontés aujourd'hui ».

Le risque de cette stratégie est, comme le soulignent Deprez *et al.* (2024), que les conséquences du dérèglement climatique soient encore plus graves à l'avenir :

> De nombreux gouvernements et industries comptent sur la CDR* (Élimination du Dioxyde de Carbone) à partir de la terre à grande échelle pour éviter de réduire fortement les émissions de GES* aujourd'hui. Cela risque non seulement de nous enfermer dans un dépassement de 1,5 °C, mais aussi d'accroître la perte de biodiversité... Ce déploiement de dispositifs de CDR* pose également d'importants problèmes de faisabilité économique, technologique et sociale, menace la sécurité alimentaire et les droits de l'homme et risque d'outrepasser de multiples limites planétaires, avec des conséquences potentiellement irréversibles.

En outre, ce qui n'est souvent pas réalisé ou reflété dans les débats sur l'utilisation des arbres et des forêts pour l'atténuation du dérèglement climatique, c'est qu'il existe deux types de cycles du carbone. Voici ce qu'écrivent 41 scientifiques dans un article de blog intitulé « 10 mythes sur les objectifs zéro net et la compensation carbone » :

> Les combustibles fossiles font partie du cycle lent du carbone [...] Les solutions basées sur la nature font partie du cycle biologique rapide du carbone, ce qui signifie que le stockage du carbone n'est pas permanent. Par exemple, le carbone stocké dans les arbres peut être à nouveau libéré par les incendies de forêt. Les émissions fossiles ont lieu aujourd'hui, alors que leur absorption par les arbres et les sols prend beaucoup plus de temps [...] Le cycle du carbone comporte deux parties : un cycle rapide par lequel le carbone circule entre l'atmosphère, la terre et les mers, et un cycle lent par lequel le carbone circule entre l'atmosphère et les roches qui constituent l'intérieur de la Terre [...] Les combustibles fossiles (charbon, pétrole et gaz) proviennent des roches (qui font partie du cycle lent) (Skelton *et al.* 2020).

Cela signifie que les arbres font partie du cycle rapide du carbone, car ils peuvent facilement brûler en libérant le carbone dans l'air. Les combustibles fossiles, quant à eux, proviennent des profondeurs du sous-sol et se sont formés sous forme de dépôts organiques il y a des millions d'années. La combustion de ces combustibles augmente évidemment la quantité de carbone dans l'atmosphère, et la compensation de ce processus par la croissance des arbres reste extrêmement incertaine. En outre, les changements politiques peuvent également représenter un risque en introduisant des régimes moins favorables à l'utilisation des arbres et des forêts pour l'atténuation du dérèglement climatique, ce qui peut également entraîner la perte de forêts.

Malgré ces problèmes évidents, la plantation d'arbres pour atténuer les effets du dérèglement climatique reste extrêmement populaire parmi les gouvernements et les industries du Nord. Ce « greenwashing », qui a des effets discutables sur le climat et qui cause de graves problèmes sociaux et économiques dans de nombreuses localités, notamment en Afrique, tend à occulter les vrais problèmes liés à la consommation de combustibles fossiles en tant que cause du réchauffement de la planète.

Ces projets ciblent souvent les savanes et les prairies à faible couverture arborée, « supposant souvent à tort que ces zones sont déboisées et dégradées et représentent donc des opportunités de restauration » (Parr *et al.* 2024, p. 701).

En plus de supposer à tort que les savanes sont dégradées (voir chapitre 2), ils supposent également qu'elles sont inutilisées et sans aucun droit de propriété. Cela revient à dire que le boisement est une solution climatique néocoloniale (Briske *et al.* 2024). Pour comprendre le contexte des initiatives de boisement et leurs impacts sur l'utilisation des terres, il est donc important de jeter un regard historique sur les questions de droits fonciers et de coutume.

Colonialisme, droits fonciers et coutume

Pendant la période coloniale au Soudan français, l'État et les individus possédant des titres de propriété étaient les seuls propriétaires fonciers possibles. Cette idée est issue du Code civil français ou Code Napoléon de 1804, dont l'article 539 stipule que « tous les biens vacants et sans maître… appartiennent au domaine public » et à l'article 713 que « les biens qui n'ont pas de maîtres appartiennent à l'État » (voir Rochegude [1977] pour un examen du droit colonial au Soudan français). Cette politique impliquait que seuls l'État et les individus possédant des titres de propriété pouvaient détenir des droits de propriété formels sur la terre. Cependant, au fil du temps, les droits coutumiers ont été quelque peu reconnus dans le cadre du système colonial, mais la coutume n'était encore reconnue que comme un droit d'usage.

Comme le souligne Sûret-Canale (1962, pp. 255-256) :

> Cette application du concept romain de propriété ne résulte pas, comme on le prétend parfois, d'une méconnaissance de la situation africaine. Tous les auteurs coloniaux ont reconnu qu'en Afrique tropicale « pas un pouce de terre n'est sans propriétaire ». Ce constat a été clairement établi en 1920. Dans un rapport adopté à l'unanimité par le conseil général de la Côte d'Ivoire, un conseiller, J.B. Mackey, rappelle que « pas un seul mètre carré de terre ne peut être considéré comme sans propriétaire. Vacant, sans doute, mais le plus souvent momentanément, périodiquement, par le système d'assolement, par l'utilisation intermittente des pâturages, etc. Mais sans propriétaire ? Certainement pas. Aucune terre en Afrique ne peut être considérée comme telle. » Les tribus s'accordaient entre elles sur des frontières qui suivaient généralement des éléments naturels tels que les cours d'eau et les chaînes de montagnes ; ou bien les frontières étaient fictives, leur position étant déterminée à l'aide de points de repère généralement placés le long des routes ou prenant la forme d'affleurements rocheux. Si les tribus avaient des frontières, a fortiori les sous-tribus ou les cantons et les unités territoriales plus petites avaient également des frontières précisément définies. Il en va de même à l'échelle du village et de la famille.

En d'autres termes, ce n'est pas le manque de connaissances qui a effacé les droits fonciers coutumiers des Africains, contrairement peut-être aux projets de boisement contemporains (Turner *et al.* 2021), mais la coutume était plutôt considérée comme un inconvénient et un obstacle à l'extraction des ressources qui était au cœur de l'entreprise coloniale. Au Soudan français, le coton était au cœur des intérêts coloniaux français.

Comme nous le verrons, le gouvernement colonial français a utilisé deux approches très différentes pour fournir le coton du Soudan français aux usines textiles de villes comme Lille, Rouen, Marseille et Nîmes. L'une était basée sur la production des petits exploitants dans les villages du sud du Mali et l'autre consistait en un vaste projet d'accaparement des terres pour produire du coton dans la région qui est devenue célèbre sous le nom d'« Office du Niger ». La première approche, qui respectait largement les droits fonciers coutumiers, s'est finalement avérée plus fructueuse en termes de revenus pour les agriculteurs locaux et d'augmentation de la production de coton, bien que ce processus n'ait pris son essor qu'après l'indépendance. Le second schéma a conduit au travail forcé et à la dépossession des villageois et des pasteurs sous la gouvernance coloniale, et plus récemment à une nouvelle dépossession des terres et à l'accaparement des élites.

À la fin du XIXe siècle, la quasi-totalité du coton transformé par l'industrie textile française est cultivée aux États-Unis. Or, les Américains développent leur propre industrie textile, ce qui fait craindre aux Français de perdre leur principale source de matière première. L'industrie française a donc cherché de nouvelles régions susceptibles de lui fournir le coton dont elle avait besoin, et le Sahel ouest-africain a été désigné comme une nouvelle région prometteuse pour l'approvisionnement en coton.

Plusieurs raisons expliquent ce choix : les paysans locaux, qui représentent une main-d'œuvre bon marché, cultivent déjà le coton ; le climat est favorable à la production de coton ; le transport est possible grâce à l'utilisation des fleuves Sénégal et Niger et au chemin de fer Dakar-Bamako en cours de construction (il sera achevé en 1904).

Afin d'encourager les paysans à cultiver davantage de coton, cette culture a été acceptée comme paiement de l'impôt à partir de 1896 (Sanogo 1990). Dès 1893, des variétés étrangères de coton ont été testées dans la région de Kayes. En 1903, l'ACC* est créée par l'industrie textile française. La même année, un représentant de l'ACC* est arrivé à San et a distribué une grande quantité de graines de coton étatsunien à longues fibres aux villageois (Benjaminsen 2001). Cependant, il s'est rapidement avéré difficile pour l'ACC* de recevoir des approvisionnements stables de la part des agriculteurs locaux. La raison principale en était l'existence d'un marché local du coton dont les prix étaient plus élevés que ceux que les Français étaient disposés à payer (Fok 1994, Roberts 1996).

Déçues par la modestie et l'incertitude des approvisionnements, les autorités coloniales ont rendu la culture du coton obligatoire en 1912, et le coton est devenu « la culture du Commandant ». Chaque village était tenu de fournir une certaine quantité (10 kg par personne imposable). Ce niveau n'a cependant pas été atteint en raison de la résistance passive locale (Bassett 1995 & 2001, Roberts 1996), car la culture forcée du coton entrait en concurrence avec la production de cultures vivrières pour ce qui est de la main-d'œuvre. Les paysans ont donc essayé de réserver les mains les plus fortes aux cultures vivrières (Rondeau 1980), en plus d'utiliser les « armes des faibles » (Scott 1985) en traînant généralement les pieds et en négligeant les champs de coton (Bassett 1995 & 2001).

Malgré les efforts du gouvernement colonial pour distribuer de nouvelles variétés, introduire des charrues à bœufs et rendre la production de coton obligatoire, la production de coton au Soudan français est restée décevante du point de vue colonial, et les exportations de coton de la colonie vers la France ont chuté au cours des années 1930 et 1940.

Le tournant dans la production de coton de la région s'est produit avec l'augmentation des prix mondiaux du coton due à une mauvaise récolte aux États-Unis en 1950. En outre, à partir de 1952, la production de coton a été basée sur un prix garanti annoncé à l'avance par la CFDT*. Il en résulta une augmentation du coton commercialisé au Soudan français, qui passa de 150 tonnes seulement en 1952 à 3 900 tonnes en 1958. Ce n'était que le début d'une augmentation rapide de la production de coton d'exportation. En 1972, elle a atteint 68 000 tonnes et en 2003 593 000 tonnes (Benjaminsen *et al.* 2010).

En 2023, le Mali retrouva sa place de premier producteur de coton d'Afrique subsaharienne avec une production de 690 000 tonnes. Cette augmentation rapide de la production depuis les années 1950 a été qualifiée de « success story », le coton malien étant appelé « l'or blanc » – un succès largement attribué au modèle CFDT*/CMDT* (Benjaminsen 2001). Après l'indépendance, la société cotonnière coloniale (Compagnie française pour le développement des textiles) est devenue la Compagnie malienne pour le développement des textiles, détenue à 60 % par l'État malien et à 40 % par des capitaux français. Le succès relatif de ce modèle est dû au fait que les agriculteurs ont été informés du prix à la production par un acheteur garanti avant la saison agricole, en plus de recevoir, à certaines périodes, des fournitures subventionnées d'engrais ainsi que d'autres formes d'aide à l'expansion. En outre, et c'est peut-être le plus important, les agriculteurs ont pu produire du coton sur les terres de leur village sans être dépossédés de leurs terres, comme c'est souvent le cas dans la plupart des programmes agricoles à grande échelle.

L'« Office du Niger », en revanche, contraste fortement avec ce modèle de développement. La planification de ce système d'irrigation a commencé dans les années 1920 et, en 1932, il a été officiellement inauguré avec son siège à Ségou. La majeure partie du projet initial était située dans ce que l'on appelle « le delta mort », dans la partie méridionale du delta intérieur du fleuve Niger, qui se compose de terres arides adjacentes au delta régulièrement inondé. En 1945, le projet avait réinstallé de force 30 000 villageois (Filipovich 2001). En outre, les pasteurs ont perdu l'accès aux pâturages et les anciens couloirs à bétail ont été bloqués, ce qui a créé de nombreux conflits avec le projet (Touré 2022).

L'objectif initial était d'irriguer 1 850 000 hectares et de protéger les terres de l'avancée du Sahara, mais seuls 60 000 hectares ont finalement été réalisés par les autorités coloniales. Le coton étant une culture à forte intensité de main-d'œuvre et la zone du projet ayant une faible densité de population, le travail forcé a été introduit au début de la période du projet. Les agriculteurs et les travailleurs réinstallés ont toutefois résisté de diverses manières – en cultivant des produits alimentaires plutôt que du coton et en ne suivant pas les autres directives du projet (Van Beusekom 1999). En outre, les gardes ont empêché les agriculteurs de quitter le projet. Tout cela a contribué à faire du projet un « échec monumental » (Filipovich 2001).

Plus récemment, dans les années 2000, l'ancien président Amadou Toumani Touré (ATT) a cherché à relancer ce projet et à attirer des capitaux étrangers pour étendre les surfaces cultivées. Cela a conduit à l'arrivée de nombreux investisseurs étrangers de divers pays, à la construction de nouveaux canaux d'irrigation et à la dépossession de nombreux villageois et pasteurs, y compris la destruction au bulldozer des villages (Oakland Institute 2011, Larder 2015, Toulmin 2020).

Le projet Malibya, né en 2008 d'un accord entre l'ancien dirigeant libyen Mouammar Kadhafi et ATT, est l'un de ces exemples d'investissement foncier. Par l'intermédiaire du Fonds souverain de la Libye, l'État libyen s'est vu accorder l'accès à 100 000 hectares. Le projet comprenait la construction d'un canal de 40 km de long, l'un des plus grands d'Afrique, et la production de riz hybride (Oakland Institute 2011, Larder 2015).

Le projet Malibya s'est également vu accorder des conditions très généreuses, notamment l'exonération des droits d'utilisation des terres pendant 50 ans, des droits négligeables pour l'extraction de l'eau et l'exonération de l'impôt sur les sociétés pendant huit ans. Cependant, lors de la construction du canal, les maisons des villages ont été rasées, certains jardins et vergers ont été rasés, les couloirs à bétail ont été bloqués et un cimetière a été creusé, exposant des restes humains. En juillet 2009, sur les 150 ménages affectés par la construction initiale, seuls 58 avaient reçu une compensation (Oakland Institute 2011, Larder 2015). Depuis la crise en Libye en 2011, et la crise au Mali à partir de 2012, le projet a cependant été suspendu.

Si ces grands projets d'accaparement de terres effacent les « droits coutumiers », il existe également une discussion plus nuancée sur ce qu'implique le terme « coutume ». Le code Dina et les droits qui y sont associés sont aujourd'hui considérés comme faisant partie du « droit coutumier » au Mali, par opposition au droit romain introduit par le système colonial français. Il s'agissait cependant d'un système de droits fonciers formalisé par l'Empire Macina au XIXe siècle (Benjaminsen & Lund 2002).

Dans ce débat sur la relation entre le droit étatique et le droit coutumier, une position actuellement influente soutient que les conceptions de la « tradition » et de la « coutume » sont en grande partie le résultat de constructions ou d'inventions par les autorités coloniales (Ranger 1983). Cette littérature a fourni des informations importantes sur la pratique de « l'indirect rule », la cooptation coloniale des chefs africains et l'exploitation de la paysannerie par la force combinée de l'État colonial et des élites locales. Toutefois, ces points de vue reposent essentiellement sur des travaux empiriques réalisés en Afrique australe. Des études réalisées dans d'autres parties du continent ont soulevé des questions quant à la validité de ces conclusions. S'appuyant sur ses propres études historiques de la Tanzanie, Spear (2003, p. 3) affirme que « les arguments en faveur de l'invention coloniale ont souvent surestimé le pouvoir colonial et la capacité à manipuler les institutions africaines pour établir l'hégémonie ». Parler d'« invention » n'a donc guère de sens, car « [l]a tradition était à la fois plus souple et moins soumise au contrôle extérieur que ne le pensaient les chercheurs » (p. 26). Alors que Spear s'est concentré sur la chefferie et l'ethnicité, Lentz (2006) a étendu l'argument à la question du régime foncier en se basant sur des études réalisées en Afrique de l'Ouest. Elle soutient que toutes les déclarations relatives à l'autorité passée en matière foncière ne sont pas le résultat d'« inventions » récentes.

Au Mali, après l'indépendance, le Code domanial et foncier de 1986 ne reconnaissait les droits de propriété que dans le cas de titres de propriété individuels. Les droits coutumiers étaient considérés comme des droits d'usage avec un statut beaucoup plus faible que les terres titrées. Ce code foncier a ensuite été remplacé par une ordonnance foncière en 2000 (Ordonnance du 22 mars 2000 portant sur le code domanial et foncier) et une loi portant sur le foncier agricole en 2017. L'ordonnance foncière permet de délivrer des titres fonciers au nom de groupes (*collectivités*), qu'il s'agisse de groupes lignagers résidentiels, de villages, de groupes nomades ou de communes. Cependant, la définition d'un groupe reste souvent un problème, soulevant des questions d'entrée et de sortie autorisées au fur et à mesure que les générations se succèdent, et il est difficile de les résoudre une fois pour toutes. Tant que les groupes n'ont pas enregistré leurs terres, ils ne peuvent détenir que des droits d'usage coutumiers.

La loi sur les terres agricoles stipule qu'aucune terre détenue en vertu du droit coutumier ne doit être incluse dans les terres de l'État. La loi prévoit également la possibilité d'enregistrer les droits fonciers coutumiers en créant deux nouveaux titres fonciers – les « certificats fonciers coutumiers » et les « certificats de possession foncière » – et elle reconnaît également les droits des communautés rurales à posséder collectivement des terres.

L'application de cette loi étant encore limitée en raison de l'instabilité de la situation politique et sécuritaire, l'impact de la loi sur le pastoralisme est incertain, car les pasteurs dépendent d'arrangements flexibles. Les droits de propriété exclusifs, y compris pour les groupes, peuvent souvent représenter un problème pour l'utilisation pastorale, et les pasteurs eux-mêmes ne sont souvent pas intéressés par l'obtention de droits exclusifs sur les terres. Ils ont seulement besoin d'un accès à des périodes cruciales de l'année (Benjaminsen 1997, Berge 2001, Scoones 2021).

Ce besoin d'accès aux pâturages saisonniers n'est pas seulement en contradiction avec les projets d'irrigation à grande échelle. Les vastes projets de boisement sur le continent africain sont également susceptibles de créer des dépossessions et des conflits. Nous avons déjà vu des boisements ayant de telles conséquences tant pour les pasteurs que pour les petits agriculteurs. Ce chapitre se poursuit avec deux exemples de ce type, l'un en Afrique de l'Est et l'autre au Sahel.

Green Resources en Afrique de l'Est

Les investissements de la société forestière norvégienne Green Resources (GR) représentent peut-être la plus longue expérience de boisement en Afrique au cours des dernières décennies. L'impact de ces investissements peut donc fournir des enseignements pour les prochains projets de boisement sur le continent et au Sahel.

GR a été créée en 1997 et a acquis de grandes plantations[6] au Mozambique, en Tanzanie et en Ouganda. La société affirme être la plus grande entreprise forestière d'Afrique avec 45 000 hectares de forêt sur pied, 3 500 employés et 80 actionnaires (principalement norvégiens) qui, en 2017, avaient investi environ 300 millions US$. En outre, l'entreprise a reçu une aide au développement norvégienne par l'intermédiaire de NORAD (ministère norvégien de la Coopération) et un prêt de 17,9 millions US$ de Norfund (Bergius *et al.* 2018).

L'entreprise affirme qu'elle plante dix nouveaux arbres pour chaque arbre récolté et que les plantations ne sont établies que sur des « prairies de faible valeur ou des terres forestières dégradées ». En outre, l'entreprise présente ses activités dans le cadre d'un développement durable qui met l'accent sur le développement communautaire et les avantages locaux. Cela comprend le boisement des villages, la construction d'écoles, de routes, de salles des fêtes et de bureaux, ainsi que la création d'emplois locaux. Selon l'ancien directeur général, « aucune activité d'atténuation des émissions de carbone ne génère de plus grands avantages économiques pour les pauvres des zones rurales que le boisement ».

Dans les hautes terres du sud de la Tanzanie se trouvent trois des plus anciennes et des plus grandes plantations de GR, créées en 1997. Les plantations forestières couvrent environ 74 000 hectares. Une partie des plantations produit du bois et le reste est planté pour séquestrer le carbone et générer des crédits carbone. Ces plantations ont été enregistrées dans le cadre de la norme volontaire sur le carbone (VCS*) et vendent des crédits sur le marché volontaire[7].

Au total, les terres ont été attribuées à six villages différents, deux villages pour chaque plantation. Les villages n'ont guère eu leur mot à dire dans ce processus, car la plupart des terres ont été négociées avant l'adoption de la loi sur les terres villageoises de 1999, ce qui signifie qu'à l'époque, c'est le gouvernement et non le conseil du village qui gérait les terres. Certains villages ont ainsi perdu plus de 33 % de leurs terres, limite fixée par la loi sur les terres villageoises (URT 1999) pour le montant qu'un village peut céder à un investisseur. Par exemple, l'un des villages, Uchindile, a perdu près de 60 % de ses terres au profit de GR (Refseth 2010).

La société a reçu du gouvernement un bail de 99 ans pour le terrain. Selon la loi sur les terres villageoises, les villages ne peuvent pas louer des terres directement à des investisseurs. Les terres doivent d'abord être converties en terres générales, qui sont gérées par le gouvernement. Cela signifie qu'à l'expiration de la période de location, les terres sont restituées au gouvernement et non au village. En échange de la cession des terres, les villages se voient promettre des emplois, le développement d'infrastructures et le soutien de projets communautaires. En outre, GR a promis aux villages 10 % du revenu total provenant de la vente de crédits carbone (Refseth 2010). Des rapports récents et plus anciens ont montré que les bénéfices des projets de GR pour les communautés locales n'ont pas été réalisés comme promis (par ex. : Refseth 2010, Point Carbon et Perspectives 2008, Karumbidza & Menne 2011). Refseth (2010) a constaté, par exemple, que sur les promesses faites en 1997, environ un tiers avait été honorées en 2009.

Les seules routes construites étaient des routes dans la plantation elle-même, qui ne bénéficiaient pas directement aux villages. Malgré les promesses d'accès à l'eau potable, aucun effort n'a été fait pour approvisionner les villages en eau. Enfin, le soutien aux projets communautaires a été lent, voire inexistant (Refseth 2010). En résumé, l'un des principaux problèmes de l'approche utilisée par GR est que les avantages locaux ne sont pas énoncés de manière transparente dans les contrats écrits. Par conséquent, les avantages ne deviennent pas des droits détenus par les communautés, mais sont simplement soumis à la charité de l'entreprise (Bergius *et al.* 2018).

Cela a également entraîné une résistance considérable dans la zone du projet, consistant par exemple en des vols généralisés de divers outils et petits équipements, ainsi qu'en la mise à feu de certaines parties de la forêt. Cela s'est produit à plusieurs reprises et ne semble pas être accidentel.

Les expériences des plantations de GR en Ouganda et au Mozambique ne sont pas meilleures. Lyons & Westoby (2014) affirment que le projet de GR en Ouganda est un exemple de « colonialisme du carbone » où GR a obtenu le contrôle de deux réserves forestières (de 4 500 et 2 669 hectares). Les plantations dans l'une de ces réserves ont été approuvées par le Mécanisme de développement propre (MDP*) et des crédits carbone ont été vendus à l'Agence Suédoise de l'Énergie (SEA*) dans le cadre d'un contrat pour la période 2012-2032 d'une valeur d'environ 4 millions US$ (Hajdu *et al.* 2016).

Les règles du MDP* exigent qu'il soit démontré que « les terres à boiser ou à reboiser sont dégradées et [...] se dégradent encore ou restent dans un état stable à faible teneur en carbone ». Il incombe à l'organisation responsable du boisement de fournir la preuve de la dégradation. Cela signifie que GR a fourni la preuve que la réserve forestière en question en Ouganda – la forêt de Kachung – était constituée d'une savane dégradée et que cela a été accepté par le MDP*. Cette allégation de dégradation était une motivation clé du projet, qui apparaissait dans la documentation de GR, dans la certification du MDP* et dans la proposition de projet en Suède (Hajdu *et al.* 2016).

La « dégradation » a été définie dans ces présentations de projet simplement comme la perte d'arbres – une définition qui a été remise en question par Hajdu *et al.* (2016). En outre, si l'objectif est de stocker le carbone, une savane herbeuse a, comme indiqué précédemment, la majeure partie de son carbone stocké sous terre, et la plantation d'arbres dans ces zones peut entraîner une perte de carbone souterrain. Il n'est pas certain que les arbres plantés compenseront cette perte, car les arbres ont tendance à brûler, alors que le carbone souterrain est protégé contre le feu.

Comme l'ont démontré Hajdu *et al.* (2016), l'histoire environnementale de cette réserve forestière est également plus compliquée que ne le prétendent GR et la SEA*. Avant les années 1930, lorsque les premières plantations ont eu lieu dans la région, la « forêt » de Kachung était une savane utilisée pour le pâturage collectif. En 1952, la région a été classée comme réserve forestière coloniale en vue d'un nouveau reboisement. Cependant, les plans de plantation d'arbres n'ont été que partiellement suivis et, après l'indépendance, dans les années 1960 et 1970, le gouvernement ougandais a encouragé les gens à convertir les réserves forestières en terres agricoles. À Kachung, ce processus a commencé en 1966 et s'est poursuivi dans les années 1970. La région avait en effet un sol fertile et attirait de nombreux agriculteurs. Néanmoins, formellement, Kachung était toujours une réserve forestière relevant de l'État et la culture de la terre ne donnait aucun droit formel. Ce fait a généré des conflits lorsque le gouvernement ougandais, par une loi de 2003, a invité des investisseurs privés étrangers dans le pays, ce qui a permis à GR de louer Kachung à l'État, alors que de nombreuses personnes continuaient à cultiver la région et à y vivre.

Afin de préparer les terres pour les plantations de GR, le gouvernement a expulsé de force un grand nombre de ces populations, ce qui a entraîné un ressentiment local généralisé à l'encontre des nouvelles plantations. Au cours des expulsions, des maisons, des cultures, des magasins et des lieux de sépulture ont été détruits. Les populations locales ont été vilipendées en tant qu'« empiéteurs » et « intrus » par le gouvernement et le personnel de GR (Lyons et Westoby 2014). La combinaison de ces divers impacts négatifs sur les moyens de subsistance locaux a conduit Lyons et Westoby (2014) à qualifier les plantations de GR en Ouganda de « colonialisme du carbone ». En raison des nombreuses critiques formulées par les chercheurs et les journalistes, la SEA* a décidé de se retirer du projet en 2015, tandis que Norfund et Finnfund sont devenus des investisseurs dans GR.

Au Mozambique, on a récemment assisté à un déclin des plantations forestières, y compris les plantations de GR (Figure 5.1). Parmi les causes de ce déclin identifiées par Mbanze *et al.* (2022), on peut citer la recrudescence des feux de forêt allumés par les populations locales qui avaient fourni les terres pour les plantations, mais qui étaient mécontentes de l'absence d'avantages sociaux. En outre, le manque d'engagement du gouvernement et l'instabilité politique ont contribué au déclin des plantations de boisement. Il s'agit probablement de défis communs à de nombreux projets de boisement en Afrique.

La grande muraille verte d'Afrique

La Grande Muraille Verte (GMV) est l'un des plus grands projets de boisement actuellement planifiés en Afrique. Le site web du projet, un film promotionnel et d'autres matériels de promotion présentent ce projet comme un mur d'arbres de 15 km de large sur une distance de 8 000 km, du Sénégal à Djibouti. Le projet a été conçu en 2005 par un groupe de chefs d'État africains, dont l'ancien président du Sénégal, Abdoulaye Wade, l'ancien président du Nigéria Olesegun Obasanjo et l'ancien dirigeant de la Libye, Mouammar Kadhafi. Il a été approuvé par l'Union africaine en tant que projet panafricain en 2007 et a ensuite reçu le soutien financier de la FAO*, de la Banque mondiale, du FEM*, de l'Union européenne et de l'UICN* (CNULCD* 2020). Lors du sommet sur le climat qui s'est tenu à Paris en décembre 2015, les donateurs ont promis un total de 4 milliards d'US$ pour le projet, mais en 2020, le projet n'avait reçu que 870 millions d'US$ de ce financement promis (CNULCD* 2020).

Figure 5.1 : Monoculture de pins dans une plantation de GR au Mozambique.
Source: l'auteur.

Les objectifs de la GMV sont de restaurer 100 millions d'hectares de terres dégradées, de créer 10 millions d'emplois et de séquestrer 250 millions de tonnes de carbone d'ici 2030. On pense que ces résultats permettront en outre de réduire les sources de recrutement des insurgés djihadistes et de diminuer les migrations du Sahel vers l'Europe.

Le projet ayant été défendu par l'ancien président Wade, le Sénégal est sans aucun doute le pays leader dans la mise en œuvre de la GMV, où la majeure partie de la restauration des terres a eu lieu (ce qui a conduit certains à l'appeler « la grande muraille sénégalaise »). Jusqu'à présent, les projets ont été beaucoup moins nombreux dans les autres pays du Sahel (Magrin & Mugelé 2020). Une évaluation initiée par la CNULCD* a conclu qu'en 2020, seuls 4 % de la surface prévue avaient été boisés. Ce maigre résultat est dû à un manque d'enthousiasme général, tant de la part des gouvernements sahéliens occupés par des questions plus urgentes, que de la part des bailleurs qui considèrent le projet comme trop risqué compte tenu de la situation sécuritaire dans la région (Mugelé 2018, Magrin & Mugelé 2020). Le fait que le Sahel ait reverdi à la suite de l'augmentation des précipitations au cours des dernières décennies (voir chapitre 2) peut avoir conduit à une hésitation supplémentaire de la part des bailleurs de fonds. En outre, les taux de survie des semis d'arbres au Sahel sont faibles à moins qu'ils ne soient activement arrosés à la main.

Le verdissement documenté aurait également récemment changé l'approche du projet, passant de la plantation d'arbres « à une mosaïque de systèmes d'utilisation des terres résilients ayant la capacité de s'adapter à l'incertitude et aux extrêmes climatiques » (CNULCD* 2020, p. 29). Cependant, une grande partie du matériel promotionnel sur les différents sites web des sponsors du projet se concentre toujours sur un mur d'arbres pour arrêter l'avancée du désert du Sahara, et, à travers ce boisement, pour séquestrer une grande quantité de carbone.

Malgré la situation sécuritaire dangereuse au Sahel et la critique scientifique des hypothèses de base d'un tel projet de boisement, la Banque mondiale en particulier continue de pousser à la mise en œuvre de la GMV dans des pays comme le Mali (Banque mondiale 2023), le Burkina Faso et le Niger (Turner *et al.* 2021).

Les activités du projet ont jusqu'à présent été dominées par une approche technique et descendante axée sur la plantation d'arbres. Le projet souffre également d'un manque d'implication et de participation au niveau local (Mugelé 2018, Magrin & Mugelé 2020, Turner *et al.* 2021, Turner *et al.* 2023). Comme le projet au Sénégal se concentre sur la zone comprise entre 100 mm et 400 mm de précipitations annuelles, qui est marginale pour l'agriculture en zone aride, la population locale est principalement composée de pasteurs.

Le pastoralisme n'a toutefois pas été pris en compte dans la conception, la planification et la mise en œuvre de la GMV (Mugelé 2018, Turner *et al.*

2021, Turner *et al.* 2023). Dans la région du Ferlo au Sénégal, où une grande partie des activités du projet ont eu lieu, et où il existe une histoire séculaire d'utilisation pastorale, la dépendance pastorale de l'accès à la terre est non seulement négligée par le projet, mais le pastoralisme est également considéré comme un obstacle au boisement par lequel le succès du projet est mesuré. En ignorant totalement les besoins des pasteurs et de leur bétail, la GMV exacerbe le déni de reconnaissance pour les pasteurs sous la forme d'un manque de reconnaissance à la fois formelle et discursive. Même une publication largement rédigée pour promouvoir la grande muraille verte (Boëtsch *et al.* 2019) admet que le boisement empiète sur les terres pastorales et est en conflit avec le pastoralisme dans la région du Ferlo au Sénégal.

Premièrement, ce déni de reconnaissance se manifeste par le blocage de la mobilité pastorale par le biais de clôtures de zones boisées. Deuxièmement, il entraîne la perte de zones de pâturage dont dépend le système pastoral et, troisièmement, les zones boisées et la production végétale dans ces zones entrent en concurrence avec le bétail pour l'accès à l'eau. Ironiquement, cela signifie que la Grande Muraille Verte entraîne une pénurie de ressources naturelles pour la population locale du Ferlo, les pasteurs peuls (Mugelé 2018).

L'approche descendante du projet est également renforcée par le fait qu'il est mis en œuvre par les forestiers de l'État. Dans la zone centrale du projet, dans la région du Ferlo, Mugelé (2018) a constaté qu'il y avait huit agents forestiers de l'État – dont aucun n'est originaire de la région et aucun n'est peul. Ces forestiers ont pour mission de produire un succès mesuré par le nombre d'arbres plantés et la superficie reboisée (Mugelé 2018).

Les chefs traditionnels et les dirigeants élus des communes locales sont également largement négligés par le projet. Ils ne sont pas consultés et sont simplement invités à se conformer aux décisions prises par les forestiers du projet concernant, par exemple, l'emplacement des zones à boiser. En outre, les forestiers infligent des amendes aux populations locales en cas d'utilisation illégale des produits de l'arbre et lorsque le bétail parvient à pénétrer dans les zones de boisement (Mugelé 2018). Cela est possible parce que l'État possède officiellement toutes les terres rurales au Sahel (à l'exception des terres titrées individuellement, qui ne représentent qu'un faible pourcentage), et que la coutume pastorale n'est généralement pas reconnue par la législation ou les politiques de l'État (voir plus haut dans ce chapitre). La législation forestière est stricte, avec peu de droits locaux d'accès aux produits forestiers et des amendes en cas d'infraction aux règles. Cela a donné aux forestiers de l'État un pouvoir considérable par rapport aux populations locales.

Cette approche descendante et technique de la gestion forestière a une histoire qui remonte aux années 1930 au Sahel, comme le souligne le chapitre 2, et plutôt que de réduire les conflits, elle risque d'accroître les tensions entre les pasteurs et les institutions de l'État. Cette tension est à l'origine du recrutement de pasteurs dans des groupes armés qualifiés de « djihadistes » (voir chapitres 3 et 4) et peut donc, à long terme, contribuer au résultat inverse de celui recherché par le projet.

Le déni de reconnaissance des pasteurs sahéliens à la suite de ce projet, ainsi que de manière générale, est à la fois formel, en termes d'absence de droits, et discursif. La GMV est, dans une large mesure, conçue comme un projet d'atténuation du dérèglement climatique, ce qui a suscité l'intérêt massif des donateurs lors de la COP21 à Paris en 2015, ainsi que lors des COP ultérieures (Glasgow et Dubaï en particulier). Le cadrage erroné qui en résulte a rendu les victimes de l'initiative invisibles, par exemple sur le site web de la GMV et dans d'autres présentations du projet.

Depuis 2015, la France, sous la direction du président Macron, continue d'investir des fonds et du prestige dans ce projet. Lors de la COP 26 à Glasgow en 2021, Macron a organisé un nouveau lancement de la Grande Muraille Verte d'Afrique avec le Prince Charles (à l'époque). Le propriétaire d'Amazon, Jeff Bezos, faisait également partie du panel d'orateurs et a promis d'investir un milliard de dollars dans le boisement et la conservation des forêts, y compris dans la Grande Muraille Verte d'Afrique. Les trois acteurs espèrent utiliser ce projet pour construire ou renforcer une image verte sans risquer de devenir impopulaires auprès des électeurs, des citoyens ou des consommateurs, qui ne font pas partie des populations touchées.

Lorsqu'il y a un tel manque de reconnaissance de la population locale, en l'occurrence les pasteurs du Sahel, il y a un risque évident que l'atténuation du dérèglement climatique par le boisement conduise non seulement à un projet climatique raté, mais aussi à des résultats négatifs tels qu'une pénurie accrue de ressources naturelles locales et une résistance accrue à l'État, ce qui pourrait finalement exacerber les niveaux de conflit (Cavanagh & Benjaminsen, 2022).

L'échec spectaculaire et la fétichisation du boisement en Afrique

Les projets de boisement souffrent généralement de problèmes de « fuite » et de « permanence ». La fuite fait référence au risque que la déforestation soit déplacée en dehors de la zone du projet, tandis que la permanence fait référence au risque que le carbone stocké soit libéré par des processus tels que les incendies, les maladies, les ravageurs ou l'empiètement de l'homme.

Ces risques font du carbone une « marchandise non coopérative », en particulier dans les projets d'atténuation du dérèglement climatique liés à la forêt (Bumpus 2011). En outre, le manque de « coopération » du carbone est associé aux processus compliqués et contestés de création de bases de référence et de justification de l'additionnalité. Cette complexité conduit à « une tension constante entre le marché international du carbone et les relations sociales et naturelles locales » (Bumpus 2011, p. 624).

Dans le cas des plantations de GR, il n'y avait pas de mesures fiables d'une base de référence, ce qui rend l'additionnalité de ces plantations discutable. Par exemple, la végétation a généralement été défrichée avant que les plants de pin et d'eucalyptus ne soient plantés. En outre, certaines parties des plantations en Tanzanie ont été incendiées à plusieurs reprises par la population locale en signe de résistance au projet.

Cela illustre la vulnérabilité du boisement en tant qu'instrument d'atténuation du dérèglement climatique et son problème de permanence. Cela implique également un problème de comptabilisation du carbone, puisque les arbres qui ont été détruits par un incendie peuvent déjà avoir été vendus sur un marché du carbone et pris en compte dans un budget carbone.

En outre, les monocultures de pins et d'eucalyptus ont clairement des effets négatifs sur la diversité biologique ainsi que de nombreuses conséquences négatives sur les moyens de subsistance, comme le montre le cas des plantations de GR.

Toutefois, ces problèmes sont généralement cachés aux consommateurs du Nord ou aux gouvernements qui achètent des crédits carbone issus de projets de boisement – à moins que des journalistes ou des chercheurs critiques ne les exposent publiquement. Lyons & Westoby (2014) qualifient ce déficit d'information entre la production de carbone forestier et la consommation de « fétichisme du carbone ».

Marx a utilisé le terme « fétichisme de la marchandise » pour souligner qu'un voile idéologique obscurcit souvent notre compréhension de la production capitaliste – ce qui signifie que les marchandises ont tendance à apparaître comme des objets détachés des relations sociales dans lesquelles elles sont produites. Ce fossé s'élargit au fur et à mesure que la marchandise se mondialise. Le consommateur ne sait donc pas grand-chose des conditions sociales et environnementales de la production de certaines marchandises (Benjaminsen & Svarstad 2021).

Cependant, lorsque le fétichisme du carbone est mis en évidence, un « échec spectaculaire » peut s'ensuivre, mettant à mal les représentations médiatisées des scénarios à triple bénéfice souvent présentés sur les sites web, dans les documents de projet et dans les médias sociaux. Cela révèle l'écart spectaculaire entre la « représentation » et l'« exécution » dans les activités de projet, et les façons dont cet écart entraîne des conséquences dommageables pour les communautés locales et les écosystèmes (Cavanagh & Benjaminsen 2014).

Cet écart entre la façon dont un projet est vendu sur les sites web, les documents de projet et les médias sociaux et ce qui se passe sur le terrain est d'autant plus grand que la marchandise est globale et que la distance entre la production et la consommation est grande. En ce sens, le carbone est une marchandise idéale à fétichiser, dont les conséquences sur le site de production sont cachées aux consommateurs.

Introduction au contexte

Le fétichisme du carbone implique également qu'il faut prendre avec des pincettes les quantifications du carbone stocké par le boisement et la conservation des forêts. Là encore, il s'agit d'un exemple où le contexte peut prendre sa « revanche » (Olivier de Sardan 2021a, voir plus loin).

Les méthodes quantitatives et les statistiques ont une longue histoire de domination dans le domaine de la politique pratique et de la formulation des politiques dans tous les secteurs de la société, y compris en ce qui concerne les questions d'environnement, de développement et de climat. Bien que ces approches aient de la valeur et contribuent à la production de connaissances de diverses manières en fonction du sujet d'enquête et de la qualité des données quantitatives, qui est d'ailleurs souvent discutable, il y a un angle mort flagrant dans les études quantitatives liées aux socio-natures locales, ou même régionales. Ou, en d'autres termes, il y a généralement un angle mort dans ces études sur le contexte historique, politique et environnemental.

Les gouvernements et les hommes politiques sont généralement plus convaincus par les données quantitatives que par ce qui est souvent considéré comme des preuves « anecdotiques » qui ne peuvent être généralisées au-delà de cas isolés. Ces affirmations selon lesquelles les études qualitatives et les études de cas sont simplement anecdotiques sont assez courantes parmi les chercheurs quantitatifs ainsi que les hommes politiques et certaines grandes ONG. Ceci en dépit du fait que les études de cas sont bien établies en tant qu'approche qui ne se concentre pas sur la vérification statistique des faits, mais vise plutôt à générer des idées pour la construction de théories et la généralisation analytique (par opposition à la généralisation statistique) (Ragin & Becker 1992, Lund 2014).

La quantification est également considérée comme plus pratique par les États, car elle peut être plus immédiatement applicable sans que des questions contextuelles dérangeantes d'histoire et de pouvoir soient soulevées. Les analyses contextuelles, en revanche, sont généralement considérées par les États comme compliquant la gouvernance de l'État, qui tend à dépendre de la « simplification » et de la « lisibilité » pour gouverner efficacement (Scott 1998).

Les analyses quantitatives jouent souvent un rôle clé dans ces processus de simplification et de lisibilité. Par exemple, la simplification et la standardisation des paysages et des pratiques pastorales à travers des mesures telles que la capacité de charge, le poids des carcasses et la délimitation des frontières font partie des tentatives de l'État de rendre la société « lisible » (Johnsen *et al.* 2015). En outre, Li (2007) affirme que dans l'art de gouverner, l'État doit établir un problème sérieux que sa politique résoudra. Dans le cas du pastoralisme, ce problème prendra souvent la forme d'un « surpâturage », d'une « inefficacité » économique ou d'une augmentation des conflits liés à l'utilisation des terres. L'État peut alors affirmer que ce problème ne peut être résolu que par des moyens scientifiques et techniques quantifiables. Li (2007) appelle ces deux étapes la « problématisation » et le « rendu technique », et la science quantitative joue un rôle clé dans ces deux étapes (Johnsen *et al.* 2015).

En outre, Berkes (2008) affirme que l'approche positiviste-réductionniste qui a dominé la science occidentale a façonné la gouvernance environnementale contemporaine en la faisant dépendre de généralisations « sans valeur » indépendantes du contexte, de l'espace et du temps. L'implication est que les problèmes qui sont rendus techniques par la politique et la pratique gouvernementales sont simultanément rendus apolitiques. Les expériences contrôlées et les « essais de contrôle randomisés » (Duflo *et al.* 2007) sont des ajouts récents aux approches quantitatives des études sur le développement qui sont devenues influentes au cours des 10 à 15 dernières années parmi les organisations d'aide internationale telles que la Banque mondiale et NORAD. En 2019, trois économistes du MIT* ont reçu le prix Nobel d'économie pour leurs travaux sur les essais de contrôle randomisés liés à l'aide et au développement. Leur approche s'inspire de la recherche médicale en laboratoire où les résultats d'un échantillon ayant reçu un certain traitement sont comparés à ceux d'un échantillon n'ayant pas reçu ce traitement.

NORAD a, par exemple, engagé ce groupe de recherche du MIT* pour mener des essais de contrôle randomisés afin d'étudier comment et pourquoi les mesures visant à arrêter la déforestation en République Démocratique du Congo fonctionnent. Il est cependant facile d'imaginer comment les aspects qui ne sont pas facilement quantifiables sont négligés ou mis de côté et donc non inclus dans l'analyse. Une critique courante à l'encontre des projets de conservation forestière est qu'ils ont tendance à reproduire l'injustice ou même à accroître l'inégalité et l'injustice. Ces méthodes excluront très probablement les questions d'injustice ou seront tout simplement incapables d'inclure de telles questions en raison de la simple nature des méthodes elles-mêmes.

L'écologie politique et les études agraires critiques s'opposent à ces méthodologies hors contexte, car elles se concentrent sur le contexte politique, économique, historique et environnemental des processus socio-environnementaux. Il est, par exemple, difficile de voir comment des études à grande échelle, des expériences ou des essais randomisés peuvent aider à comprendre le contexte complexe de la rébellion djihadiste au Sahel.

Dans son livre *La revanche des contextes : des mésaventures de l'ingénierie sociale, en Afrique et au-delà*, l'anthropologue français Jean-Pierre Olivier de Sardan se demande pourquoi il existe souvent un écart entre les objectifs des projets de développement d'une part et leurs résultats réels d'autre part (Olivier de Sardan 2021a). Il répond à cette question en pointant du doigt la méconnaissance du contexte qui « se venge » des projets. Ce qui est souvent présenté comme des conséquences inattendues aurait pu être prévu si le contexte avait été pris en compte.

Olivier de Sardan est également critique à l'égard des essais de contrôle randomisés :

- Premièrement, alors que cette méthode est présentée comme la seule approche scientifique valable pour les études d'impact dans le cadre des projets d'aide au développement, elle reste un outil idéal pour une normalisation sans contexte.
- Deuxièmement (ironiquement), la méthode implique une généralisation à toute une population à partir d'une seule expérience.
- Troisièmement, il s'agit d'une méthode coûteuse qui aboutit souvent à des résultats banals et évidents.

En outre, nous pouvons ajouter qu'il ne s'agit pas d'une méthode qui aide à remettre en question les déséquilibres de pouvoir ou les questions d'injustice ou d'inégalité. Cette méthode ne permet d'aborder qu'un nombre limité de questions. Il s'agit souvent de questions plus pratiques telles que : si des frais de scolarité sont introduits, quel sera l'impact sur la fréquentation de l'école ? (Elle diminuera).

La science qui sous-tend les généralisations quantitatives « sans valeur » se présente comme objective, neutre et apolitique, alors qu'en pratique, elle tend à se fonder sur des normes et des valeurs spécifiques ayant un impact considérable sur les conclusions de la recherche. Par conséquent, ces écologies apolitiques sont intrinsèquement politiques, et l'écologie politique n'est pas plus « politique » que ces approches. Elle est simplement plus explicite quant à ses objectifs normatifs (Robbins 2012).

Alors que la science quantitative sans valeur ni contexte continue de dominer en termes d'influence sur l'élaboration des politiques, un processus opposé se développe parallèlement. À l'échelle mondiale, les savoirs autochtones et les savoirs locaux sont de plus en plus reconnus, comme en témoignent notamment les récents rapports du GIEC** et de l'IPBES* (Ara Begum *et al.* 2022, IPBES 2019). Par exemple, l'IPBES* (2019, p. XXXVII) mentionne que

> au moins un quart de la surface terrestre mondiale est traditionnellement gérée, possédée, utilisée ou occupée par les peuples autochtones. Ces zones comprennent environ 35 % des zones officiellement protégées et environ 35 % de toutes les zones terrestres restantes où l'intervention humaine est très faible… Les institutions de conservation communautaires et les régimes de gouvernance locaux ont souvent été efficaces, parfois même plus efficaces que les zones protégées officiellement

> établies, pour prévenir la perte d'habitat... Plusieurs études ont mis en évidence les contributions des peuples autochtones et des communautés locales à la limitation de la déforestation, ainsi que des initiatives montrant des synergies entre ces différents mécanismes.

De même, le GIEC* déclare que

> les connaissances indigènes désignent les connaissances, les compétences et les philosophies développées par des sociétés ayant une longue histoire d'interaction avec leur environnement naturel. Les savoirs locaux sont définis comme les connaissances et les compétences développées par les individus et les populations, spécifiques aux lieux où ils vivent. Ces définitions se rapportent aux débats sur la diversité culturelle mondiale, qui sont de plus en plus liés aux débats sur le dérèglement climatique. Cependant, tout le monde s'accorde à dire que, de la même manière qu'il n'existe pas de définition unique des peuples autochtones parce qu'elle dépend de l'autodétermination (voir ci-dessous), il n'existe pas non plus de définition unique des populations autochtones et des communautés locales. C'est pourquoi la contextualisation est grandement nécessaire. Les connaissances et compétences traditionnelles façonneront les perceptions qui sont essentielles à la gestion des risques climatiques dans les activités quotidiennes et les actions à long terme... Ces connaissances pratiques et fondées sur l'expérience sont obtenues au fil des générations par l'observation et le travail direct dans divers environnements. Les connaissances peuvent être basées sur le lieu et enracinées dans les cultures locales, en particulier lorsqu'elles reflètent les croyances de communautés installées depuis longtemps et ayant des liens étroits avec leurs environnements naturels (Ara Begum *et al.* 2022, p. 148).

Cette reconnaissance internationale croissante des connaissances et compétences locales s'accompagne d'une attention accrue pour la justice climatique, reflétée dans le sixième rapport d'évaluation du GIEC** (Ara Begum *et al.* 2022) ainsi que dans un mouvement mondial croissant en faveur de la justice climatique (Newell *et al.* 2021, voir également le chapitre 1). Ces tendances discursives sont également liées à l'évolution de l'opinion mondiale sur le pastoralisme. Dans un rapport pour le PNUE* et l'UICN*, McGahey *et al.* (2014) affirment, par exemple, que le pastoralisme est l'un des systèmes de production alimentaire les plus durables de la planète et qu'il peut aller de pair avec une transformation vers une « économie verte ».

Cependant, la « reconnaissance » n'est pas une baguette magique qui changera nécessairement l'accès aux terres et aux ressources dans la pratique. Comme le démontre German (2022), il existe souvent un fossé entre la reconnaissance formelle et l'accès à la terre dans la réalité et il est évident que les connaissances imprégnées dans les pratiques pastorales sont loin d'être prises au sérieux par les agences de l'État. À travers un exemple pris au Mozambique, German illustre comment la reconnaissance formelle de l'État peut ne pas améliorer de manière substantielle la sécurité des détenteurs de droits coutumiers avec des tenures collectives. Par exemple, comme l'ont montré Benjaminsen *et al.* (2009), la formalisation des droits fonciers peut conduire à l'exclusion de certains utilisateurs historiques des terres, ce qui nous ramène à la distinction de Honneth entre la reconnaissance légale et intersubjective (chapitre 1).

Outre le fait que la reconnaissance légale par l'État ne suffit pas à garantir la concrétisation de l'accès et des bénéfices, une conception de la reconnaissance qui dépend de l'État ou d'autres entités « d'en haut » a également été critiquée dans une perspective décoloniale (Pulido & de Lara 2018). Ainsi, tout comme la « participation » peut être considérée comme un concept descendant (Cooke & Kothari 2001), la même critique peut s'appliquer à une conception de la « reconnaissance » centrée sur l'État. Si les communautés dépendent de cette forme de reconnaissance pour accroître leur statut et leur pouvoir, elle peut aussi être une arme à double tranchant avec des risques de cooptation, de simplification et de non-reconnaissance dans la pratique.

Les formes de reconnaissance dépendent également de la présentation et de la représentation. La décolonisation de la reconnaissance dépendrait de l'écoute du « sens de la justice » parmi les groupes subalternes (Svarstad & Benjaminsen 2020). Cela n'est toutefois pas simple. En tant qu'étranger, on ne peut pas distribuer des questionnaires ou mener des entretiens et s'attendre à pouvoir capter les voix locales authentiques.

James Scott (1985, 1990), dans son travail sur la « résistance quotidienne », affirme que les groupes sociaux marginalisés se comportent différemment « hors scène » et « sur scène ». Les transcriptions « sur scène » ou « publiques » consistent en des conversations et des déclarations que les acteurs jouent dans ce qu'ils perçoivent comme des contextes officiels, alors qu'ils ne sont pas sûrs de l'anonymat ou de la manière dont les informations seront utilisées. Dans ce cas, il est logique de jouer la carte de la sécurité et de ne rien dire qui puisse être perçu comme controversé. Les présentations hors scène, en revanche, ou « transcriptions cachées », sont des récits que les acteurs subordonnés communiquent en l'absence des puissants ; elles reflètent les conversations au sein de ces groupes et incluent généralement la critique du pouvoir et de ses pratiques par les sujets.

C'est pourquoi la distribution de questionnaires ou la réalisation d'entretiens sans une introduction appropriée ou sans passer du temps dans les communautés ne permettra pas de saisir les transcriptions cachées. La compréhension de ces informations contextuelles prend du temps et dépend de l'instauration d'un climat de confiance.

L'écologie politique a souvent critiqué l'élaboration des politiques sur les questions environnementales, mais sans impact politique significatif. Ce type de critique axée sur le contexte et les relations de pouvoir ne correspond généralement pas à l'agenda des bureaucrates ou des politiciens en charge. Comme Walker l'a dit il y a quelque temps, il semble y avoir une antipathie mutuelle entre les écologistes politiques et les décideurs politiques (Walker 2006). Les analyses contextuelles qui soulèvent des questions fondamentales sur les prémisses des politiques et des pratiques sont souvent considérées comme non pertinentes et donc exclues de tout impact politique. Les décideurs exigent au contraire des connaissances instrumentales qu'ils peuvent utiliser immédiatement et qui ne menacent pas leur propre position.

Les possibilités d'utilité directe des analyses contextuelles sont donc limitées. À plus long terme, cependant, on peut espérer que de telles contributions scientifiques contribueront à influencer le grand public et les militants de l'environnement et du climat et, partant, à modifier les perceptions et, en fin de compte, les agendas politiques.

Notes

1 Le boisement implique la conversion en forêt de terres qui, historiquement, ne contenaient pas de forêt.

2 Cette présentation de la décroissance s'appuie en partie sur les arguments de Hickel dans un récent débat avec Stéphane Hallegatte, économiste en chef de la Banque mondiale (Hickel & Hallegatte, 2021) et en partie sur sa contribution à un autre débat – dans la revue Political Geography (Hickel 2021).

3 Le paradoxe de Jevons dit qu'avec les améliorations technologiques et une plus grande efficacité dans l'utilisation des ressources, les coûts diminuent, ce qui peut à nouveau augmenter la demande, entraînant une augmentation de l'utilisation des ressources. Ce principe a été décrit pour la première fois par l'économiste anglais William Stanley Jevons en 1865.

4 La BECSC* est encore une méthodologie spéculative et « nécessite la production de matières premières bioénergétiques (généralement des espèces à croissance rapide comme le miscanthus ou le panic érigé) qui doivent être transportées jusqu'à l'endroit où elles seront converties en vapeur/chaleur, en combustibles liquides ou en charbon

de bois. Ces produits combustibles sont ensuite utilisés pour la production d'énergie et le CO2 émis est capturé avant ou après la combustion et stocké » (McElwee 2023, p. 192).

5 A/R = boisement et reboisement.

6 Selon la FAO* (2004), une plantation forestière comporte « peu d'espèces, un espacement régulier et/ou des peuplements d'âge régulier ».

7 GR avait d'abord conclu un accord intentionnel avec le ministère norvégien des Finances qui achèterait les crédits carbone des plantations en Tanzanie. Le ministère s'est toutefois retiré lorsque GR n'a pas réussi à obtenir la certification MDP* pour ces plantations.

Sécurité climatique et justice climatique : prendre le contexte et la science au sérieux

Le présent ouvrage s'est concentré sur les questions de sécurité climatique et de justice climatique au Sahel, deux traditions de la recherche environnementale et climatique basée sur les sciences sociales qui sont rarement mises en dialogue. En particulier, il y a une lacune dans la littérature sur l'interface (à la fois les chevauchements et les tensions) entre la sécurité climatique et la justice climatique que ce livre tente de combler. Ces deux approches sont confrontées au contexte dans cet ouvrage.

Pour développer davantage l'idée de « contexte », l'approche s'inspire de philosophes politiques, en particulier Nancy Fraser et Axel Honneth, qui ont beaucoup écrit sur la « reconnaissance » en tant qu'aspect clé de la justice. En outre, le livre s'inspire d'approches néo-marxistes dans le cadre des études paysannes et agrariennes critiques – en s'inspirant en particulier des recherches fondamentales menées dans les années 1960 et 1970 pour tenter d'expliquer l'émergence des rébellions paysannes. Par exemple, E.P. Thompson a vu dans la résistance paysanne en Angleterre au XIXe siècle une réponse à la menace perçue d'une « économie morale » et d'une « éthique de la subsistance » par le développement capitaliste conduisant à la dépossession des terres, ou Accumulation Primitive comme l'appelait Marx (que David Harvey a plus tard rebaptisé Accumulation par Dépossession). James Scott a développé cette idée dans son livre *Moral Economy of the Peasant* (1976) en se concentrant sur les rébellions paysannes en Asie du Sud-Est, tandis qu'Eric Wolf, dans son livre *Peasant Wars in the Twentieth Century* (1969), a comparé l'émergence de huit rébellions paysannes dans le Sud à travers un prisme marxien similaire, l'accumulation primitive étant le dénominateur commun de ces rébellions.

Alors que cette approche de la compréhension du contexte de la rébellion paysanne a été largement appliquée à l'analyse des soulèvements en Amérique latine et dans certaines parties de l'Asie, elle est largement absente des études sur les soulèvements populaires en Afrique, et en particulier des tentatives de compréhension du contexte de l'émergence des groupes armés dits « djihadistes » au Sahel.

Le présent ouvrage combine une telle approche matérialiste historique au sein des études agraires critiques et de l'écologie politique avec l'analyse du discours environnemental. Comme le montrent plusieurs chapitres, les présentations discursives à travers des dispositifs rhétoriques tels que les récits et les images des sociétés et des paysages sahéliens, depuis le début de la période coloniale jusqu'à aujourd'hui, ont contribué à déposséder les populations de leurs terres et à imposer des restrictions sur leur utilisation des ressources naturelles. En d'autres termes, les discours sont importants et ont des conséquences matérielles sur la vie des gens.

Nous le constatons dans le discours permanent sur la désertification, qui se traduit par des tentatives d'arrêter ce processus présumé par un boisement à grande échelle ou par des restrictions sur l'utilisation locale. Nous le voyons également dans les idées dominantes des médias et des politiques sur les conflits liés au climat au Sahel, qui tendent à a-politiser les conflits et à détourner l'attention de leurs causes historiques et politiques, ainsi qu'à ramener de vieux tropes sur le déterminisme climatique en Afrique. Et nous voyons l'effet des discours sur la vie des gens à travers les opinions répandues sur le pastoralisme comme une forme de production dépassée qui serait économiquement inefficace, écologiquement destructrice et géographiquement expansive, ce qui conduit à des conflits d'utilisation des terres. Ce manque de reconnaissance, qui se traduit par la perte continue de pâturages et de couloirs à bétail depuis plusieurs décennies, a contribué au soulèvement actuel, essentiellement pastoral, au Sahel.

Tout cela s'ajoute à un certain nombre de constructions historiques externes sur le Sahel et ses habitants qui ont eu des implications directes sur la crise actuelle dans la région. Le « Sahel » lui-même semble être une construction sans racines dans les conceptions géographiques locales.

D'autre part, il existe également des tropes internes au Sahel, par exemple sur les Peuls comme équivalents aux djihadistes, en plus du développement d'un nouveau discours géopolitique anti-français, anti-occidental et pro-russe où Poutine est célébré comme un anticolonialiste. Curieusement, les régimes militaires en place dans les trois pays du Sahel (Mali, Burkina Faso et Niger), ainsi que les groupes djihadistes qu'ils combattent, ont leurs propres agendas anticolonialistes. Les groupes djihadistes visent d'une part à remplacer les écoles où le français est la langue d'enseignement par des écoles coraniques où le programme d'études se compose d'un seul livre, en arabe. Les livres sont considérés comme « haram » parce qu'ils sont censés promouvoir la décadence occidentale, saper l'Islam et les valeurs traditionnelles et soutenir une élite nationale corrompue.

Après l'expulsion de la France du Sahel, qui a entraîné la réduction de l'aide au développement et de la diplomatie occidentale, des régimes militaires et des groupes djihadistes se battent pour le contrôle des terres et des ressources au Mali, au Burkina Faso et au Niger.

Dans l'armée et au sein d'une majorité de la population urbaine, les attitudes anti-françaises et anti-occidentales sont courantes, tandis que la démocratie est associée au pouvoir des élites et à la corruption, et que les anciens présidents élus sont considérés comme des marionnettes contrôlées par la France.

En outre, un mélange de nationalisme et de panafricanisme est devenu dominant, mais un panafricanisme qui ne comprend que la solidarité entre les trois pays mentionnés (Olivier de Sardan 2024), principalement en raison des sanctions économiques de la CEDEAO.

Si les régimes militaires bénéficient du soutien des populations urbaines, divers groupes djihadistes continuent de contrôler de vastes zones rurales des trois pays. Ces groupes rejettent également la démocratie occidentale, qu'ils associent à une élite nationale corrompue et influencée par les intérêts occidentaux. Les chefs des groupes djihadistes tels que Iyad Ag Ghaly et Hamadoun Kouffa insistent sur l'introduction de la charia comme condition de la paix, bien que peu de combattants semblent avoir rejoint ces groupes pour des raisons religieuses. De nombreux pasteurs (peuls et touaregs en particulier) ont rejoint la rébellion en raison de griefs généralisés liés à une bureaucratie étatique corrompue et à ce qu'ils considèrent comme une politique anti-pastorale qui a entraîné une perte continue des pâturages de la saison sèche et de l'accès aux couloirs à bétail depuis plusieurs décennies.

Cela signifie que la décolonisation en pratique est bel et bien arrivée au Sahel. Mais il s'agit d'une décolonisation loin de tout débat académique.

Ce n'est pas l'épistémologie qui préoccupe les gens qui, à Bamako, Ouagadougou ou Niamey, manifestent en faveur des régimes militaires, crient « à bas la France » et célèbrent Poutine comme un héros anticolonialiste. Olivier de Sardan (2024) a qualifié ce processus de « décolonisation militaire ». Il ne faut toutefois pas oublier le projet concurrent de « décolonisation djihadiste ».

Alors que ni les régimes militaires, ni la population du Sahel en général, ni les djihadistes ne considèrent le dérèglement climatique comme un facteur important de cette crise sécuritaire écrasante, une grande partie des médias internationaux et du système d'aide internationale, ainsi que certains chercheurs, continuent à se concentrer sur le dérèglement climatique comme facteur clé contribuant à cette crise sécuritaire.

Sécurité climatique

Le dérèglement climatique est devenu une question de sécurité internationale à partir du début des années 2000, dans le sillage du débat sur la « sécurité environnementale » qui avait émergé dans les années 1990. Cette « sécuritisation » du dérèglement climatique a d'abord eu lieu dans le cadre de la politique internationale et de l'élaboration des politiques. Contrairement à d'autres aspects des débats internationaux sur le dérèglement climatique, qui ont été menés par la science, la sécurité climatique a avant tout été un programme politique. L'attention politique a en outre conduit les médias mondiaux à s'intéresser à la question et à mettre des ressources financières à la disposition de l'action et de la recherche en matière de climat. Cette attention accrue, y compris la disponibilité de fonds, a conduit les ONG, les agences de développement, les gouvernements bénéficiaires et les chercheurs à explorer cette question sous différents angles.

Certains chercheurs ont cherché à développer une approche de la sécurité climatique, souvent sans beaucoup de substance empirique, tandis que les chercheurs quantitatifs ont souligné le manque de lien entre les variables du dérèglement climatique et l'émergence de conflits. Les chercheurs qualitatifs ont souligné le manque d'analyses contextuelles historiques et politiques dans les contributions sur la sécurité climatique et le fait que pour comprendre les conflits et les crises, il est nécessaire d'étudier ces contextes.

Cette question du rôle du dérèglement climatique dans la génération des conflits semble toutefois sans fin et sans solution, car l'absence de lien ou de corrélation historique n'impressionne pas ceux qui sont convaincus d'un tel lien et qui ont plutôt tendance à utiliser l'avenir comme preuve empirique – « si les guerres climatiques ne sont pas encore arrivées, elles le seront certainement à l'avenir ».

Le problème de cette perspective est qu'elle dépolitise et déshistorise les conflits et reproduit des visions externes et plutôt coloniales du Sahel sans reconnaître les contextes historiques et politiques sahéliens. Il peut s'agir d'une commodité, car comprendre l'histoire et la politique et prendre au sérieux les acteurs locaux demande un certain effort. En même temps, un récit simpliste sur la sécurité climatique correspond à l'agenda d'un certain nombre d'acteurs des institutions internationales, des gouvernements du Nord (qui voient une opportunité d'écoblanchiment de leurs politiques), des ONG et des activistes climatiques ainsi que des gouvernements sahéliens.

Comme nous l'avons vu précédemment (chapitres 1, 3, 4 et 5), mettre l'accent sur le rôle du dérèglement climatique sans reconnaître le contexte conduit facilement à la reproduction de l'eurocentrisme, du déterminisme environnemental et du néocolonialisme vert. Malgré les bonnes intentions, la sécurité climatique risque de refléter ces effets à moins d'un engagement plus explicite vis-à-vis du contexte, des connaissances empiriques et de la politique de justice climatique. Il est donc nécessaire de décoloniser la sécurité climatique au Sahel en impliquant l'histoire, la politique et l'agentivité dans l'analyse.

Nous avons vu cette colonialité persistante dans, par exemple, la négligence du contexte dans les analyses de la sécurité climatique ainsi que dans les projets de boisement tels que la Grande Muraille Verte.

La recherche sur la sécurité climatique s'est toutefois récemment penchée sur la question des risques climatiques de manière plus générale, probablement en réponse à l'impasse susmentionnée de la recherche sur la sécurité climatique qui relie les variables climatiques directement ou par le biais de multiplicateurs de menace à l'émergence de conflits. Actuellement, l'accent est plutôt mis sur la manière dont les risques liés au dérèglement climatique peuvent survenir par des voies indirectes possibles, par exemple par la réduction de la sécurité alimentaire ou la mise en œuvre de mesures d'adaptation ou d'atténuation. Certaines de ces recherches soulignent que la capacité de l'État et le niveau de développement socio-économique sont généralement des facteurs plus importants que le dérèglement climatique pour expliquer les conflits, tout en soulignant également que les risques liés à ce dérèglement peuvent potentiellement avoir un impact sur les conflits. En outre, les risques de conflit associés aux initiatives d'atténuation du dérèglement climatique telles que le boisement, les éoliennes et les biocarburants sont également de plus en plus discutés dans cette récente littérature sur les risques liés à ce dérèglement.

Certains analystes de la sécurité climatique ont également commencé à critiquer la littérature sur la sécurité climatique pour ne pas avoir accordé suffisamment d'attention aux mécanismes de causalité (Busby 2022). Pour explorer les mécanismes de causalité possibles, Busby a réalisé une analyse comparative de sept pays d'Afrique et d'Asie à partir d'études de cas. Il en a conclu que trois facteurs en particulier tendent à conduire à un déclenchement des conflits et des urgences humanitaires par le dérèglement climatique : 1) la faiblesse des capacités de l'État ; 2) l'exclusivité des institutions politiques; et 3) le blocage ou l'inégalité de l'aide étrangère.

Ces trois points peuvent toutefois être débattus.

Premièrement, il est souvent dit que les États africains, et en particulier sahéliens, sont faibles et fragiles (Craven-Matthews & Englebert 2018, Bøås & Strazzari 2020, Osland & Erstad 2020). La réponse politique à cette analyse largement partagée a été des programmes de développement visant à renforcer les capacités de l'État pour en consolider la gouvernance.

Cependant, les personnes sur le terrain qui ont été confrontées à l'État sahélien ont pu constater que cet État était tout sauf faible. Lorsque des forestiers armés en uniforme vert et équipés de motos tout-terrain infligent des amendes à des femmes pour avoir ramassé du bois mort sec, l'expérience de ces femmes est qu'il s'agit d'un État qui a du pouvoir et la possibilité d'utiliser la force par le biais de la violence. Cette force est soutenue par un Service Forestier qui a bénéficié d'un large soutien financier et moral de la part de la communauté internationale pour stopper la désertification.

Il en va de même pour les pasteurs qui ont perdu l'accès à des ressources ou à des espaces clés en raison de décisions gouvernementales. Il se peut qu'ils n'aient pas ressenti la faiblesse de l'État. En d'autres termes, les personnes qui ont été à l'extrémité du pouvoir bureaucratique (par exemple, les femmes qui ramassent du bois, les pasteurs ou les petits agriculteurs qui ont perdu l'accès à la terre en raison de l'accaparement par l'élite des fonctionnaires de l'État, ou les propriétaires de magasins qui reçoivent la visite de fonctionnaires des douanes qui perçoivent des pots-de-vin) ne ressentent pas nécessairement l'État sahélien comme un État faible. La rébellion peut plutôt être considérée comme une réaction contre l'abus de pouvoir de l'État.

Considérer les États du Sahel comme faibles ou fragiles implique d'évaluer ces États dans un cadre westphalien où l'État occidental est le modèle auquel ils sont comparés. Contrairement à ce point de vue, Olivier de Sardan (2021b) affirme que les États sahéliens ont été brutalement créés à partir de rien par les puissances coloniales. Ces nouveaux États sont devenus « despotiques par nature » et loin du modèle de l'État français, et ils ont continué après l'indépendance à développer leur propre culture bureaucratique et leur pratique de la prédation par les élites. L'État sahélien n'est pas plus traditionnel que les États européens, affirme Olivier de Sardan. Il est simplement moderne d'une manière différente. La combinaison de la gouvernance descendante, de la corruption bureaucratique et de l'absence de fourniture de services a conduit, au fil du temps, à un manque de confiance des citoyens dans l'État.

Cela signifie que l'État sahélien a suivi sa propre trajectoire. Il ne s'agit donc pas d'un État « défaillant » de type occidental, mais d'un autre type d'État – un État rentier. Cela signifie que si certaines fonctions traditionnelles de l'État sont faibles au Sahel (services de santé, éducation), d'autres secteurs sont fortement gouvernés (foncier, ressources naturelles).

Le deuxième mécanisme de causalité selon Busby, les institutions politiques exclusives, est plus convaincant. Il définit l'inclusion politique comme « l'incorporation de tous les sous-groupes politiquement et militairement pertinents dans la prise de décision gouvernementale et la répartition "équitable" des ressources et des programmes » (Busby 2022, p. 46). L'exclusion politique est exactement ce dont les pasteurs en particulier, mais aussi les petits agriculteurs du Sahel se plaignent depuis des décennies et sur lequel les djihadistes ont agi. Une grande partie du présent ouvrage est consacrée à ce thème.

Le troisième point, le rôle de l'aide étrangère, est plus complexe. L'hypothèse générale de Busby, tout en reconnaissant que l'aide peut jouer plusieurs rôles, « est que l'assistance internationale peut compenser la faiblesse de l'État avant et après l'exposition au danger » (Busby 2022, p. 55).

Si l'analyse est que les conflits et les rébellions sont généralement causés par la pauvreté et le chômage, cela peut être une hypothèse juste, puisque l'aide étrangère fournit vraisemblablement des ressources et des emplois aux populations. Mais une telle hypothèse et une telle analyse, qui vont à l'encontre de l'argumentation présentée dans cet ouvrage, sous-estiment également les raisons politiques qui poussent les gens à rejoindre les groupes armés (voir les chapitres 3 et 4). Il s'agit pourtant d'une affirmation courante et souvent répétée dans les débats internationaux : les gens rejoignent les groupes djihadistes à cause de la pauvreté et de l'argent qu'ils reçoivent lorsqu'ils rejoignent ces groupes, et l'aide et la création d'emplois représentent une solution principale à ce problème. Mais la plupart des pasteurs qui rejoignent les groupes armés ne cherchent pas un travail salarié, ils le font en raison des pratiques de développement, des gouvernements et des donateurs internationaux, qui ont vidé le pastoralisme de ses ressources en tant que système de production. Si les couloirs à bétail ne sont pas bloqués et si les pâturages de la saison sèche ne sont pas convertis en rizières, la plupart des pasteurs gagneront beaucoup plus d'argent en élevant du bétail qu'en occupant n'importe quel emploi manuel qu'ils pourraient obtenir.

Au Sahel, une grande partie de l'aide au développement a contribué à l'État rentier plutôt qu'à sa correction, bien que de nombreuses petites ONG aient fourni une aide humanitaire essentielle ainsi qu'un renforcement des capacités de son personnel. Au Mali, l'aide internationale au développement a contribué à l'État rentier par le biais, par exemple, d'investissements à grande échelle tels que l'Office Riz Mopti (chapitre 3) et l'Office du Niger (chapitre 5), ainsi que par la façon dont un Service Forestier militarisé a été soutenu par l'aide internationale pour stopper la désertification dans les années 1980 et 1990 (chapitre 2). L'abus de force et la corruption qui en ont résulté ont engendré des griefs largement répandus parmi les populations rurales, que les dirigeants djihadistes peuvent encore utiliser comme arguments dans leurs discours pour mettre en évidence la corruption des élites de l'État.

En d'autres termes, il n'est pas difficile de trouver des exemples d'aide étrangère au Sahel qui ait contribué à la mauvaise gouvernance de l'État, à l'accaparement par les élites, à la multiplication des conflits et à la crise globale actuelle. Ce type d'aide hors contexte ignore comment les effets négatifs potentiels conduiront à une augmentation, et non à une diminution, de l'insécurité climatique.

Justice climatique

Les activistes climatiques, les universitaires et les décideurs politiques interprètent différemment ce qu'implique la justice climatique. Tous les acteurs partagent cependant un souci d'équité et de justice dans le contexte du dérèglement climatique.

Le terme lui-même s'est imposé dans les négociations internationales sur le climat (Conférence des parties – COP) ainsi que dans les récents rapports du GIEC*. La justice distributive combinée aux responsabilités historiques du Nord, reconnues par le principe des « responsabilités communes, mais différenciées », reste l'objectif principal de la plupart des gouvernements du Sud ainsi que de nombreux activistes climatiques.

L'urgence de la crise climatique exige également une action mondiale immédiate pour provoquer des transformations sociales vers des sociétés à faible émission de carbone, ce qui implique à nouveau un changement structurel profond de la société avec des implications étendues pour la justice sociale.

L'écomodernisme a été l'approche dominante suivie par les pays riches pour parvenir à une telle transformation. Cette approche vise à dissocier les économies de leurs impacts environnementaux en s'appuyant sur les marchés et le développement technologique. L'écomodernisme met également l'accent sur le développement d'une agriculture intensifiée à grande échelle et de haute technologie, combinée à l'urbanisation et à la conservation de la « nature sauvage ». Il en découle que les pays du Sud devraient s'urbaniser et remplacer l'agriculture et le pastoralisme à petite échelle par de grandes exploitations à forte intensité technologique capables de nourrir les populations urbaines.

Cela signifie également que la plupart des gens devraient vivre dans les villes, tandis que les zones rurales seraient exploitées pour l'agriculture industrielle et la conservation des zones « inutilisées ». En d'autres termes, les écomodernistes ne semblent pas s'inquiéter outre mesure des implications pratiques de ces propositions en matière de justice climatique, car elles auront nécessairement d'énormes conséquences sur les moyens de subsistance des populations rurales à la suite d'une dépossession généralisée des terres. De même, les agences des Nations unies, y compris le GIEC*, sont dominées par la pensée écomoderniste, comme en témoignent les scénarios climatiques basés sur l'utilisation de la BECSC* et le boisement de zones correspondant à 2 ou 3 fois la masse terrestre de l'Inde (voir chapitre 5).

La décroissance se présente dans les débats internationaux sur le climat et l'environnement comme la principale alternative à l'écomodernisme. Elle implique une réduction de l'utilisation des ressources et de l'énergie dans les pays à hauts revenus afin de rester dans les limites de la planète. Les défenseurs de la décroissance soulignent que le dépassement actuel des limites planétaires est principalement le fait des pays riches et que le revers de la médaille d'une approche écomoderniste continue dans ces pays, basée sur la transition vers les énergies renouvelables telles que l'énergie solaire et éolienne, sera nécessairement une augmentation de l'extractivisme dans le Sud, d'où proviennent la plupart des matériaux nécessaires à ces technologies.

La solution la plus durable – et la plus douloureuse – au défi de la transformation en une société à faible émission de carbone passe donc inévitablement par des réductions radicales des niveaux de production et de consommation dans les pays riches. Jusqu'à présent, cela reste un débat entre activistes et universitaires et n'a eu que peu d'implications sur les débats politiques au sein des États-nations ou des organisations internationales.

De nombreux activistes, ONG et scientifiques du climat tendent aussi à négliger les implications d'une approche écomoderniste par le Nord sur l'utilisation et la dépossession des terres. Il est au contraire relativement courant de considérer la justice climatique comme une obligation internationale d'investir dans des mesures d'atténuation du dérèglement climatique en Afrique, comme la Grande Muraille Verte ou autres projets de boisement. Selon un certain nombre d'ONG et activistes pour le climat, le désert du Sahara avance vers le sud, et c'est une question de justice climatique.

Cette réflexion, cependant, conduit à des solutions climatiques néocoloniales sous forme de boisement, souvent sur des terres pastorales, ce qui entraîne une dépossession pastorale et une augmentation potentielle des niveaux de conflit. Cela implique que de nombreuses organisations et personnes qui pensent œuvrer pour la justice climatique font en réalité le contraire, en raison de leur manque de connaissance du contexte – et le résultat de leurs propositions peut donc être une plus grande injustice climatique.

De telles propositions apolitiques tendent à négliger le fait que la vulnérabilité au dérèglement climatique a des causes politiques et historiques liées à l'exploitation et à la marginalisation. En d'autres termes, la vulnérabilité ne tombe pas du ciel (Ribot 2010). Elle devrait être étudiée dans un cadre plus large d'écologie politique.

Il devrait ressortir clairement des chapitres précédents du présent ouvrage que la colonialité de la production de connaissances au Sahel demeure. Wilkens & Datchoua-Tirvauday (2022) soutiennent que la décolonisation de la justice climatique exige de remettre en question la répartition des ressources et le partage des charges, de participer à la création de règles de gouvernance climatique et de se demander à qui sont reconnus les savoirs, les concepts et les modes de connaissance.

> Les mentalités coloniales et les pratiques (néo)coloniales héritées prévalent encore dans le domaine interdisciplinaire universitaire de la recherche sur le climat, ainsi que dans la conception et la prise de décision en matière de gouvernance climatique mondiale. Cela conduit, d'une part, à la réplication de la colonialité des pratiques de recherche dans le milieu universitaire et dans les modes de diffusion de la recherche aux décideurs politiques, aux États et aux acteurs non étatiques, et, d'autre part, à des hiérarchies de connaissances qui façonnent les processus de consultation dans la gouvernance climatique mondiale, les discours sur le dérèglement climatique et le choix des politiques climatiques, négligeant souvent les diverses modes de savoir des personnes les plus touchées par le changement climatique (Wilkens & Datchoua-Tirvauday 2022, p. 127).

Le concept de « justice agraire climatique » est né des études agraires critiques comme vision alternative de la justice climatique dans le Sud rural qui prend au sérieux les questions de relations de pouvoir, d'accès aux terres, de colonialité et de reconnaissance des histoires et pratiques locales.

La reconnaissance est un aspect clé de la justice, et donc aussi de la justice climatique, qui est souvent négligé dans les approches dominantes. Le présent ouvrage a cherché à démontrer comment la reconnaissance placée dans un contexte historique, politique et environnemental peut faciliter une compréhension plus profonde des processus sociaux à l'origine de la montée de l'insécurité et des processus sociaux et environnementaux au sens large.

Contexte, politique et science

L'ouvrage a également montré qu'une bonne compréhension du contexte lié à la sécurité climatique et à la justice climatique dépend de la recherche qualitative pour comprendre les dynamiques sociales, les relations de pouvoir et les trajectoires historiques. Mais elle dépend également de solides connaissances en sciences naturelles pour évaluer les changements paysagers et écologiques au fil du temps ainsi que les changements climatiques passés et futurs.

Bien que les méthodes quantitatives dominent la politique pratique et la formulation des politiques, ces méthodes ont tendance à négliger le contexte historique, politique et environnemental. Les gouvernements et les politiques sont cependant plus convaincus par les données quantitatives que par les études de cas et les méthodes qualitatives, qui sont souvent présentées comme des preuves « anecdotiques » qui ne peuvent être généralisées au-delà de cas isolés. De tels points de vue sont courants parmi un grand nombre de chercheurs ainsi que parmi les « praticiens » (gouvernements et ONG), malgré le fait que les études de cas ne se concentrent pas sur les tests statistiques des faits, mais visent plutôt à générer des idées pour la construction de théories et la généralisation analytique (par opposition à la généralisation statistique).

La quantification est également considérée comme apolitique et innocente, et donc plus utile aux gouvernements, car elle peut être plus immédiatement applicable sans soulever de questions gênantes sur les relations de pouvoir. Les analyses contextuelles, en revanche, sont considérées comme compliquant la gouvernance de l'État.

Les analyses quantitatives jouent également souvent un rôle clé dans les processus de simplification et de standardisation des paysages et des pratiques pastorales, par exemple, au moyen de mesures telles que la capacité de charge, le poids des carcasses et la délimitation des zones. Dans l'art de gouverner, l'État se doit également d'établir un problème grave que sa politique résoudra. Dans le cas du pastoralisme, cela prendra souvent la forme d'un « surpâturage », d'une « inefficacité » économique ou d'une augmentation des conflits pour l'utilisation des terres. L'État peut alors prétendre que ce problème ne peut être résolu que par des moyens scientifiques et techniques quantifiables.

Dans le domaine des politiques climatiques au Sahel, nombre de ces processus politiques, avec leur attirail de projets de la Banque mondiale et des ONG, de conseils et de recherches appliquées qui sont souvent axés sur la primauté des données quantifiables tendent également, ironiquement, à ignorer les frontières de la recherche en écologie et en sciences du climat.

Un exemple récent est le projet de la Banque mondiale « Restauration des terres dégradées au Mali », qui a démarré en 2023, de manière surprenante, en pleine crise sécuritaire nationale et régionale. Le budget de ce projet d'un montant de 150 millions d'US$ est un prêt, ce qui est encore plus surprenant : pourquoi le gouvernement du Mali devrait-il emprunter une telle somme pour planter des arbres afin de lutter contre la désertification, alors que les services publics du pays sont en grande partie fermés en raison de la situation sécuritaire ? Et pourquoi la Banque mondiale serait-elle prête à prêter ce type d'argent dans cette situation de violence généralisée et d'incertitude politique ? Qui est responsable d'un tel gaspillage insouciant et extravagant de fonds ?

Mais ces questions mises à part, le projet est considéré comme la contribution de la Banque mondiale à la mise en œuvre de la Grande Muraille Verte et vise à contribuer à l'atténuation du dérèglement climatique par la plantation d'arbres dans les terres de savane et ainsi à stopper la désertification, qui serait causée par le surpâturage, la surexploitation du bois de chauffage et d'autres activités humaines locales, en plus du dérèglement climatique.

De plus, le document d'évaluation du projet (Banque mondiale 2023) précise également que le projet repose sur la compréhension qu'il existe un lien étroit entre la dégradation des ressources naturelles, le dérèglement climatique et les conflits.

> Par exemple, il a été démontré que dans le contexte sahélien, avec un changement de 1 % de la température et des précipitations, il y a une augmentation correspondante de la fréquence de la violence transfrontalière de 4 %, et simultanément, la violence intercommunautaire peut augmenter jusqu'à 14 % (Banque mondiale 2023, p. 13).

Ce document rappelle en effet l'euphorie anti-désertification des années 1980 et 1990, mais cette fois dans des conditions encore plus déroutantes en raison de la crise sécuritaire nationale au Mali, de l'instabilité politique du pays et de la disponibilité d'une grande quantité de recherches, tant en sciences sociales que naturelles, allant directement à l'encontre des idées sur lesquelles le projet est basé.

De récentes études en écologie démontrent par exemple que les prairies et les savanes ont une forte capacité de stockage du carbone dans le sous-sol et que la plantation d'arbres dans ces zones peut compromettre cette capacité. De la même manière, les écosystèmes des zones arides peuvent souvent être décrits comme des systèmes non équilibrés dans lesquels la définition d'une capacité de charge n'a pas de sens en raison de la stochasticité du système, ce qui signifie que le surpâturage devient également un terme problématique. En outre, les modèles climatiques récents ne prévoient pas une diminution des précipitations totales et de la désertification au Sahel, mais plutôt des quantités de pluie plus importantes, mais aussi probablement une plus grande variabilité. Cela signifie que le défi pour les populations du Sahel n'est pas la sécheresse et la désertification, mais la manière de s'adapter à une variabilité croissante.

Pour les pasteurs qui ont des siècles d'expérience dans la gestion de la variabilité climatique et dans le suivi des fluctuations qui en résultent dans la disponibilité des pâturages, ce sont les politiques et non le dérèglement climatique qui représentent le principal obstacle à leur mode de vie et à la durabilité de leurs systèmes de production.

Les agriculteurs des zones arides, en revanche, subiront une variabilité accrue des précipitations et une incertitude accrue, ce qui pourrait entraîner une baisse de la production agricole et de la sécurité alimentaire. Il existe cependant d'autres dépendances liées au marché et à l'État qui rendent ces agriculteurs pauvres et vulnérables en premier lieu. La sécurité foncière et un moindre accaparement de la part des élites en quête de profit sont des exemples de facteurs qui contribueraient à réduire la vulnérabilité. Les politiques gouvernementales et d'aide qui soutiennent réellement les petits agriculteurs et les pasteurs selon leurs conditions, au lieu de se fonder sur des idées eurocentriques de désertification et de surexploitation locale des ressources naturelles, seraient également utiles. Au lieu de se fonder sur une mauvaise compréhension du contexte et de négliger les faits scientifiques, ces politiques devraient reconnaître la logique et les connaissances inhérentes aux systèmes de production locaux fondés sur une longue histoire de travail de la terre et de ses ressources.

Le récent projet de la Banque mondiale au Mali, en tant que partie intégrante du projet de Grande Muraille Verte en Afrique démontre cependant la robustesse et la résilience des discours eurocentristes et néocoloniaux sur le Sahel. Cette vision pessimiste est corroborée par le fait que les faits scientifiques et la connaissance du contexte tendent à perdre le contrôle face au pouvoir de la politique et de l'argent, qui sont en grande partie motivés par des intérêts politiques visant à soutenir les approches écomodernistes de la gouvernance climatique et environnementale dans les pays riches du Nord.

Bibliographie

Abrahams, D. and E. Carr. 2017. Understanding the Connections Between Climate Change and Conflict: Contributions from Geography and Political Ecology. *Current Climate Change Reports* 3/4.

Adger, W.N., T.A. Benjaminsen, K. Brown and H. Svarstad. 2001. Advancing a political ecology of global environmental discourses. *Development and Change* 32 (4): 681-715.

Ag Baye, C. 1993. The process of a peace agreement. Between the movements and the United Fronts of Azawad and the government of Mali. In: Veber, H., J. Dahl, F. Wilson and E. Wæhle (eds): ... *Never drink from the same cup*. Proceedings of the conference on indigenous peoples in Africa. Tune, Denmark, 1993. IWGIA Document no. 74: pp. 247-256.

Al Jazeera. 2019. Best way to fight climate change? Plant a trillion trees. 4th July. <https://www.aljazeera.com/news/2019/7/4/best-way-to-fight-climate-change-plant-a-trillion-trees#:~:text=Study%20says%20over%20decades%2C%20new,of%20heat%2Dtrapping%20carbon%20dioxide.&text=The%20most%20effective%20way%20to,enough%20room%2C%20Swiss%20scientists%20say>.

Amselle, J.L. 2022. *L'invention Du Sahel*. Paris : Éditions du Croquant.

Anglo-French Commission. 1973. Mission forestière Anglo-Française Nigeria-Niger (Décembre 1936-Février 1937). *Bois et forêts des Tropiques* 148 : 3-26.

Angus, I. 2023. *The war against the commons. Dispossession and resistance in the making of capitalism*. New York: Monthly Review Press.

Anyamba, A. and C.J. Tucker. 2005. Analysis of Sahelian vegetation dynamics using NOAA-AVHRR NDVI data from 1981-2003. *Journal of Arid Environment* 63 (3): 596-614.

Ara Begum, R., R. Lempert, E. Ali, T.A. Benjaminsen, T. Bernauer, W. Cramer, X. Cui, K. Mach, G. Nagy, N.C. Stenseth, R. Sukumar and P. Wester. 2022. Point of Departure and Key Concepts. In: Climate Change 2022: Impacts, Adaptation and Vulnerability. Contribution of Working Group II to the Sixth Assessment Report of the Intergovernmental Panel on Climate Change [H.-O. Pörtner,

D.C. Roberts, M. Tignor, E.S. Poloczanska, K. Mintenbeck, A. Alegría, M. Craig, S. Langsdorf, S. Löschke, V. Möller, A. Okem, B. Rama (eds)]. Cambridge University Press, Cambridge, UK and New York, NY, USA: pp. 121-196.

Asafu-Adjaye, J., L. Blomquist, S. Brand, B. Brook, R. Defries, E. Ellis, C. Foreman *et al.* 2015. *An ecomodernist manifesto.* Oakland: The Breakthrough Institute.

Asiyanbi, A. and J.F. Lund. 2020. Policy Persistence: REDD+ Between Stabilization and Contestation. *Journal of Political Ecology* 27 (1): 378-400.

Assouma, M.H. *et al.* 2019. Contrasted seasonal balances in a Sahelian pastoral ecosystem result in a neutral annual carbon balance. *Journal of Arid Environments* 162: 62-73.

Aubréville, A. 1938. Assèchement et déforestation de l'A.O.F. In : *La forêt coloniale.* Société d'Éditions Géographiques Maritimes et Coloniales, Paris : 25-42.

Aubréville, A. 1949. *Climats, forêts et désertification de l'Afrique tropicale.* Paris : Société d'Éditions Géographiques, Maritimes et Coloniales.

Ba, B. 2008. *Pouvoirs, ressources et développement dans le delta central du Niger.* Paris : L'Harmattan.

Ba, B. 2016. *Crises de gouvernance : Justice transitionnelle et paix durable au Mali.* Bamako : La Sahélienne.

Ba, B. and S. Cold-Ravnkilde. 2021. When Jihadists Broker Peace: Natural Resource Conflicts as Weapons of War in Mali's Protracted Crisis. DIIS Policy Brief January 2021. Danish Institute for International Studies (DIIS).

Bächler, G. 1998. *Violence through environmental discrimination: Causes, Rwanda arena, and conflict Model.* Dordrecht: Kluwer Academic.

Barrière, O. and C. Barrière. 2002. *Un droit à inventer. Foncier et environnement dans le delta intérieur du Niger. Éditions IRD, collection : A travers champs.* Paris : Institut de Recherche pour le Développement (IRD).

Barthes, R. 1961 (1977). *Image, music, text.* New York: Hill & Wang.

Barthes, R. 1972 (2013). *Mythologies.* New York: Hill & Wang.

Bassett, T.J. 1988. The political ecology of peasant-herder conflicts in the northern Ivory Coast. *Annals of the Association of American Geographers* 78 (3): 453-472. Bassett, T.J. 1995. The uncaptured corvée: Cotton in Côte d'Ivoire, 1912-1946. In: Isaacman, A., Roberts, R. (eds), *Cotton, Colonialism and Social History in Sub-Saharan Africa*. Portsmouth: Heinemann/James Currey.

Bassett, T.J. 2001. *The Peasant Cotton Revolution in West Africa. Côte d'Ivoire, 1880-1995*. Cambridge University Press, Cambridge.

Bassett, T.J. and K. Bi Zuéli. 2000. Environmental discourses and the Ivorian savanna. *Annals of the Association of American Geographers* 90 (1): 67-95.

Bastin, J.F., Y. Finegold, C. Garcia, D. Mollicone, M. Rezende, D. Routh, C.M. Zohner and T.W. Crowther. 2019. The global tree restoration potential. *Science* 365: 76-79.

Baudais, V. 2015. *Les trajectoires de l'État au Mali*. Paris : L'Harmattan. Bayart, J.F. 1993. *The state in Africa: politics of the belly*. Harlow: Longman.

Bayart, J.F., S. Ellis and B. Hibou. 1999. *The criminalization of the state in Africa*. Oxford: James Currey.

Becker, L.C. 2001. Seeing green in Mali's woods: colonial legacy, forest use, and local control. *Annals of the Association of American Geographers* 91 (3): 504-526.

Beek, van W. 2005. The Dogon heartland: Rural transformations on the Bandiagara escarpment. In: De Bruijn, M., H. Van Dijk, M. Kaag and K. Van Til (eds). *Sahelian Pathways: Climate and Society in Central and South Mali*. Report 78/2005: pp. 40-70. Leiden: African Studies Centre.

Behnke, R.H. 2000. Equilibrium and non-equilibrium models of livestock population dynamics in pastoral Africa: Their relevance to Arctic grazing systems. *Rangifer* 20 (2-3): 141-152.

Behnke R.H., I. Scoones and C. Kerven. 1993. Range ecology at disequilibrium: new models of natural variability and pastoral adaptation in African savannas. Overseas Development Institute (ODI), London, UK.

Benjaminsen, T.A. 1993. Fuelwood and desertification: Sahel orthodoxies discussed on the basis of field data from the Gourma region in Mali. *Geoforum* 24 (4): 397-409.

Benjaminsen, T.A. 1996. Bois-énergie, déboisement et sécheresse au Sahel. Le cas du Gourma malien. *Sécheresse* 7 (3) : 179-185.

Benjaminsen, T.A. 1997. Natural resource management, paradigm shifts, and the decentralization reform in Mali. *Human Ecology* 25 (1): 121-143.

Benjaminsen, T.A. 2000. Conservation in the Sahel: Policies and people in Mali (1900-1998). In: Broch-Due, V. and R. Schroeder (eds). *Producing nature and poverty in Africa*. Uppsala: Nordic Africa Institute: pp. 94-108.

Benjaminsen, T.A. 2001. The population-agriculture-environment nexus in the Malian cotton zone. *Global Environmental Change* 11 (4): 27-39.

Benjaminsen, T.A. 2008. Does Supply-Induced Scarcity Drive Violent Conflicts in the African Sahel? The Case of the Tuareg Rebellion in Northern Mali. *Journal of Peace Research* 45 (6): 819-836.

Benjaminsen, T.A. 2015. Political Ecologies of Environmental Degradation and Marginalization. In: *The Routledge Handbook of Political Ecology*, edited by T. Perreault, G. Bridge, and J. McCarthy: pp. 354-365. London: Routledge.

Benjaminsen, T.A. 2023. The risks of ecological security. *New Perspectives*, 31 (1).

Benjaminsen, T.A. and B. Ba. 2009. Farmer-herder conflicts, pastoral marginalisation and corruption: a case study from the inland Niger delta of Mali. *The Geographical Journal* 174 (1): 71-81.

Benjaminsen, T.A. and B. Ba. 2019. Why do pastoralists in Mali join jihadist groups? A political-ecological explanation. *Journal of Peasant Studies* 46 (1): 1-20.

Benjaminsen, T.A. and B. Ba. 2021. Fulani-Dogon Killings in Mali: Farmer-Herder Conflicts as Insurgency and Counterinsurgency. *African Security* 14 (1): 4-26.

Benjaminsen, T.A. and G. Berge. 2004a. Myths of Timbuktu—From African El Dorado to Desertification. *International Journal of Political Economy* 34 (1): 31-59.

Benjaminsen, T.A. and G. Berge. 2004b. Histoire de Tombouctou. Arles. Actes Sud.

Benjaminsen, T.A. and I. Bryceson. 2012. Conservation, green/blue grabbing and accumulation by dispossession in Tanzania. *Journal of Peasant Studies* 39 (2): 335-355.

Benjaminsen, T.A. and P. Hiernaux. 2019. From Desiccation to Global Climate Change: A History of the Desertification Narrative in the West African Sahel, 1900-2018. *Global Environment* 12 (1): 206-236.

Benjaminsen, T.A. and C. Lund. 2002. Formalisation and informalisation of land and water rights in Africa: An introduction. *European Journal of Development Research* 14 (2): 1-10.

Benjaminsen T.A. and H. Svarstad 2021. *Political Ecology: A Critical Engagement with Global Environmental Issues*. London: Palgrave-Macmillan.

Benjaminsen, T.A., J. Aune and D. Sidibé. 2010. A critical political ecology of cotton and soil fertility in Mali. *Geoforum* 41 (4): 647-656.

Benjaminsen, T.A., H. Svarstad and I. Shaw of Tordarroch. 2022. Recognizing recognition in climate justice. *IDS Bulletin* 53 (4).

Benjaminsen, T.A., K. Alinon, H. Buhaug and J.T. Buseth. 2012. Does climate change drive land-use conflicts in the Sahel? *Journal of Peace Research* 49 (1): 97-111.

Benjaminsen, T.A., S. Holden, C. Lund and E. Sjaastad. 2009. Formalisation of land rights: Some empirical evidence from Mali, Niger and South Africa. *Land Use Policy* 26: 28-35.

Benjaminsen, T.A., H. Reinert, E. Sjaastad and M.N. Sara. 2015. Misreading the Arctic landscape: A political ecology of reindeer, carrying capacities and "overstocking" in Finnmark, Norway. *Norwegian Journal of Geography* 69 (4): 219-229.

Benjaminsen, T.A., Rohde, R.F., Sjaastad, E., Wisborg, P. and Lebert, T. 2006. Land reform, range ecology, and carrying capacities In Namaqualand, South Africa. *Annals of the Association of American Geographers* 96 (3): 524-540.

Berge, G. 1999. In: Defence of Pastoralism: Form and Flux Among Tuaregs in Northern Mali. Thesis Report Series no. 1 2000. PhD dissertation. SUM-University of Oslo.

Berge, G. 2001. Tuareg notions of space and place in Northern Mali. In: Benjaminsen, T.A. and Lund, C. (eds). *Politics, Property and Production: Understanding Natural Resources Management in the West African Sahel.* Uppsala: Nordic Africa Institute.

Bergius, M. and J.T. Buseth. 2019. Towards a green modernization development discourse: the new green revolution in Africa. *Journal of Political Ecology* 26 (1).

Bergius, M., T.A. Benjaminsen and M. Widgren. 2018. Green Economy, Scandinavian Investments and Agricultural Modernization in Tanzania. *Journal of Peasant Studies* 45 (4): 825-852.

Bergius, M., T.A. Benjaminsen, F. Maganga and H. Buhaug. 2020. Green Economy, Degradation Narratives and Land-Use Conflicts in Tanzania. *World Development* 104850.

Berkes, F. 2008. *Sacred Ecology*. New York: Routledge.

Bertrand, A., C. Cossalter and D. Laurent. 1984. Planification de l'énergie. Étude du secteur des combustibles forestiers au Mali (Bois de feu et charbon de bois). Paris : CTFT/TransEnerg.

Beusekom, van M.M. 1999. From underpopulation to overpopulation: French perceptions of population, environment, and agricultural development in French Soudan (Mali), 1900-1960. *Environmental History* 4: 198-219.

Biasutti, M. 2013. Forced Sahel rainfall trends in the CMIP5 archive. *Journal of Geophysical Research: Atmospheres* 118: 1613-1623.

Blaikie, P. and H. Brookfield (eds). 1987. *Land degradation and society*. London: Methuen.

Bluwstein, J. and C. Cavanagh. 2023. Rescaling the land rush? Global political ecologies of land use and cover change in key scenario archetypes for achieving the 1.5°C Paris agreement target. *Journal of Peasant Studies* 50 (1), 262-294.

Bøås, M. 2015. Crime, coping, and resistance in the Mali-Sahel periphery. *African Security* 8: 299-319.

Bøås, M. and F. Strazzari. 2020. Governance, fragility and insurgency in the Sahel: A hybrid political order in the making. *The International Spectator*, 55 (4), 1-17.

Bøås, M. and L.E. Torheim. 2013. The Trouble in Mali-Corruption, Collusion, Resistance. *Third World Quarterly* 34 (7): 1279-1292.

Boeke, S. 2016. Al Qaeda in the Islamic Maghreb: Terrorism, Insurgency, or Organized Crime? *Small Wars & Insurgencies* 27 (5): 914-936.

Boeke, S. and B. Schuurman. 2015. Operation "Serval": A Strategic Analysis of the French Intervention in Mali, 2013-2014. *The Journal of Strategic Studies* 38 (6): 801-825.

Boeke, S. and A. Tisseron. 2014. Mali's Long Road Ahead. *The RUSI Journal* 159 (5): 32-40.

Boëtsch, G., P. Duboz, A. Guisse and P. Sarr. 2019. *La grande muraille verte. Une réponse africaine au changement climatique*. Paris : CNRS Éditions.

Boiley, P. 1999. *Les Touaregs Kel Adagh. Dépendances et révoltes : du Soudan français au Mali contemporain*. Paris : Karthala.

Boisvert, M.A. 2015. Failing at violence: The longer-lasting impact of pro-government militias in northern Mali since 2012. *African Security* 8: 272-298.

Bond, W.J., N. Stevens, G.F. Midgley and C.E.R. Lehmann. 2019. The Trouble with Trees: Afforestation Plans for Africa. *Trends in Ecology and Evolution* 34 (11): 963-965.

Borras, S.M. and J.C. Franco. 2018. The challenge of locating land-based climate change mitigation and adaptation politics within a social justice perspective: towards an idea of agrarian climate justice. *Third World Quarterly* 39 (7): 1308-1325.

Borrel, T., A. Boukari-Yabara, B. Collombat and T. Deltombe (eds). 2021. *L'Empire qui ne veut pas mourir : une histoire de la Françafrique*. Paris : Seuil.

Boudet G. 1972. Désertification de l'Afrique tropicale sèche. *Adansonia*, sér. 2, 12 (4): 505-524.

Bourgeot, A. 2019. Dans le marigot malien. Malinet. Accessed [16.4.2024]. <https://www.maliweb.net/contributions/andre-bourgeot-dans-le-marigot-malien-2831665.html>.

Brandt, M., P. Hiernaux, K. Rasmussen, C. Mbow, L. Kergoat, T. Tagesson, Y.Z. Ibrahim, A. Wélé, J.C. Tucker, and R. Fensholt. 2016. Assessing woody vegetation trends in Sahelian drylands using MODIS based seasonal metrics. *Remote Sensing of Environment* 183: 215-225.

Brandt, M., A. Verger, A.A. Diouf, F. Baret and C. Samimi. 2014. Local vegetation trends in the Sahel of Mali and Senegal using long term time series FAPAR satellite products and field measurement (1982-2010). *Remote Sensing* 6: 2408-2434.

Brandts, A. 2005. Coping strategies of Dogon cultivators of the northern escarpment. In: De Bruijn, M., H. Van Dijk, M. Kaag and K. Van Til (eds). *Sahelian Pathways: Climate and Society in Central and South Mali*. Report 78/2005: pp. 71-94. Leiden: African Studies Centre.

Brinkerhoff, D.W., and J.D. Gage. 1993. *Forestry policy reform in Mali: An analysis of implementation issues*. USAID, Washington.

Briske, D.D., S. Vetter, C. Coetsee, and M.D. Turner. 2024. Rangeland Afforestation Is Not a Natural Climate Solution. *Frontiers in Ecology and the Environment*, March. Brockington, D. 2002. *Fortress conservation: The preservation of the Mkomazi Game Reserve, Tanzania*. Oxford: James Currey.

Brown, O., A. Hammil and R. McLeman. 2007. Climate change as the "new" security threat: implications for Africa. *International Affairs* 83 (6): 1141-1154.

Buhaug, H. 2010. Warming not to blame for African civil wars. *PNAS* 107 (38): 16477-16482.

Buhaug, H., T.A. Benjaminsen, E.A. Gilmore and C. Hendrix. 2023. Climate-driven risks to peace over the 21st century. *Climate Risk Management* 39: 100471.

Bumpus, A.G., 2011. The matter of carbon: understanding the materiality of tCO2e in carbon offsets. *Antipode* 43 (3): 612-638.

Busby, Joshua. 2022. *States and Nature: The Effects of Climate Change on Security*. Cambridge: Cambridge University Press.

Büscher, B. 2009. Letters of gold: enabling primitive accumulation through neoliberal conservation. *Human Geography* 2 (3): 91-94.

Büscher, B. 2016. Nature 2.0: Exploring and theorizing the links between new media and nature conservation. *New Media & Society* 18 (5): 726-743.

Buxton, N. and B. Hayes. 2015. *The Secure and the Dispossessed: How the Military and Corporations are Shaping a Climate-Changed World*. London: Pluto Press.

Calmon, D., Jacovetti, C. and Koné, M. 2021. Agrarian climate justice as a progressive alternative to climate security: Mali at the intersection of natural resource conflicts. *Third World Quarterly* 42 (12): 2785-2803.

Castelli, L. de. 2014. Mali: From Sanctuary to Islamic State. *The RUSI Journal* 159 (3): 62-68.

Cavanagh, C. 2018. Enclosure, Dispossession, and the Green Economy: New Contours of Internal Displacement in Liberia and Sierra Leone? *African Geographical Review* 37 (2): 120-133.

Cavanagh, C. 2021. Limits to (de)Growth: Theorizing "the Dialectics of Hatchet and Seed" in Emergent Socio-Ecological Transformations. *Political Geography* 90: 102479.

Cavanagh, C. and T.A. Benjaminsen. 2014. Virtual nature, violent accumulation: The "spectacular failure" of carbon offsetting at a Ugandan National Park. *Geoforum* 56: 55-65.

Cavanagh, C. and T.A. Benjaminsen 2017. Political ecology, variegated green economies, and the foreclosure of alternative sustainabilities. *Journal of Political Ecology* 24: 200-216.

Cavanagh, C. and T.A. Benjaminsen. 2022. Conservation, Land Dispossession and Resistance in Africa. In: *Oxford Handbook of Land Politics.*

Chandler, D. 2017. Semiotics for beginners. <http://www.visual-memory.co.uk/daniel/Documents/S4B/>.

Charbonneau, B. 2019. Intervention as counter-insurgency politics. *Conflict, Security & Development* 19 (3): 309-314.

Charbonneau, B. 2020. Sahel: la gouvernance contre-insurrectionnelle. *Bulletin Francopaix* 5 (1).

Chayanov, A. 1925 (1966). *The theory of peasant economy.* Manchester: Manchester University Press.

Chudeau, R. 1921. Le problème du desséchement en Afrique Occidentale. *Bulletin du Comité d'Études Historiques et Scientifiques de L'AOF* : 353-369.

Cissé, M.G. 2018. Hamadoun Koufa, fer de lance du radicalisme dans le Mali central. In: De Bruijn, M. (ed). *Biographies de la Radicalisation : Des messages cachés du changement social.* Bamenda, Cameroon: pp. 181-202, Langaa RPCIG.

Clements F.E., 1916. *Plant succession: an analysis of the development of vegetation.* Carnegie Inst. Wash. Publ. 242: 1-512.

Cline, L.E. 2013. Nomads, islamists, and soldiers: The struggles for Northern Mali. *Studies in Conflict & Terrorism* 36 (8): 617-634.

Cline-Cole, R.A., J.A. Falola, H.A.C. Main, M.J. Mortimore, J.E. Nichol, and E.D. O'Reilly. 1990. *Woodfuel in Kano.* Tokyo: The United Nations University Press.

Comolli, V. 2015. *Boko Haram: Nigeria's islamist insurgency.* Oxford University Press.

Cooke, B. and U. Kothari (eds). 2001. *Participation: The New Tyranny?* London: Zed Books.

Corson, C. 2011. Territorialization, enclosure and neoliberalism: non-state influence in struggles over Madagascar's forests. *Journal of Peasant Studies* 38 (4): 703-726.

Cotula, L. and S. Cissé. 2006. Changes in "customary" resource tenure systems in the inner Niger delta, Mali. *Journal of Legal Pluralism and Unofficial Law* 52: 1-29.

Craven-Matthews, C. and P. Englebert. 2018. A Potemkin state in the Sahel? The empirical and the fictional in Malian state reconstruction. *African Security* 11 (1): 1-31.

Cristiani, D. and R. Fabiani. 2013. The Malian Crisis and its Actors. *The International Spectator* 48 (3): 78-97.

D'Alisa, G., F. Demaria and G. Kallis (eds). 2014. *Degrowth: a vocabulary for a new era*. London: Routledge.

Dalby, S. 2022. *Rethinking Environmental Security*. Edward Elgar Publishing. Daniel, S. 2012. *AQMI. L'industrie de l'enlèvement*. Mesnil-sur-l'Estrée : Fayard.

Davies, J. and M. Nori. 2008. Managing and mitigating climate change through pastoralism. *Policy Matters*, 16, October 2008.

Davis, D. 2016a. *The Arid Lands: History, Power, Knowledge*. Cambridge, Mass.: MIT Press.

Davis, D. 2016b. Deserts and drylands before the age of desertification. In: Behnke, R.H. and Mortimore M. (eds). *The end of desertification? Disputing environmental change in the drylands*. Heidelberg: Springer Earth System Sciences.

Day, A. and F. Krampe. 2023. Beyond the UN Security Council: Can the UN General Assembly tackle the climate—security challenge? Stockholm International Peace Research Institute (SIPRI), commentary <https://www.sipri.org/commentary/essay/2023/beyond-un-security-council-can-un-general-assembly-tackle-climate-security-challenge>.

De Bruijn, M. and J. Both. 2017. Youth between state and rebel (dis)orders: Contesting legitimacy from below in Sub-Saharan Africa. *Small Wars & Insurgencies* 28 (4-5): 779-798.

De Bruijn, M. and H. van Dijk. 1995. *Arid ways. Cultural understanding of insecurity in Fulbe society, central Mali*. Amsterdam: Thela Publishers.

De Bruijn, M. and H. Van Dijk. 2005. Moving people: Pathways of Fulbe pastoralists in the Hayre-Seeno area, Central Mali. In: De Bruijn, M., H.

Van Dijk, M. Kaag and K. Van Til (eds). *Sahelian Pathways: Climate and Society in Central and South Mali*. Report 78/2005: pp. 247-273. Leiden: African Studies Centre.

De Gironcourt, G. 1910. Sur la productivité des pays Soudanais du Moyen-Niger. *Bulletin De La Société De Géographie Commerciale De Paris* 32 : 251-362.

De Gironcourt, G. 1912. Le sommet de la boucle de Niger : Géographie physique et botanique. *Bulletin De La Société De Géographie* 25 (3) : 153-171.

Deprez, A. *et al.* 2024. Sustainability limits needed for CO2 removal. *Science* 383: 484-486.

Desgrais, N., Y. Guichaoua and A. Lebovich. 2018. Unity is the exception. Alliance formation and de-formation among armed actors in Mali. *Small Wars & Insurgencies* 29 (4): 654-679.

Detzi, D. and S. Winkleman. 2016. Hitting them where it hurts: A joint interagency. Diallo, O.A. 2017. Ethnic clashes, jihad, and insecurity in central Mali. *Peace Review: A Journal of Social Justice* 29: 299-306.

Dijk, van, H. and M. de Bruijn. 1995. Pastoralists, chiefs and bureaucrats: A grazing scheme in dryland central Mali. In: van den Breemer, J.P.M., C.A. Drijver and L.B. Venema (eds). *Local resource management in Africa*: pp. 77-95. Chichester: John Wiley & Sons.

Direction nationale des eaux et forêts (DNEF), République du Mali (1985). Plan national de lutte contre la désertification et l'avancée du désert, 1985-2000. Bamako.

Dong, S. 2016. *Overview: Pastoralism in the World*, 1-37. ISBN 9783319307305. Dowd, C. 2015. Grievances, governance and Islamist violence in sub-Saharan Africa. *Journal of Modern African Studies* 53 (4): 505-531.

Dowd, C. and C. Raleigh. 2013. The myth of global Islamic terrorism and local conflict in Mali and the Sahel. *African Affairs* 112 (448): 498-509.

Dryzek, J.S. 1997. *The politics of the earth. Environmental discourses*. Oxford: Oxford University Press.

Duflo, E., R. Glennerster and M. Kremer. 2007. Using Randomization in Development Economics Research: A Toolkit. *Handbook of Development Economics* Volume 4: 3895-3962.

Dyer, G. 2010. *Climate wars. The fight for survival as the world overheats*. Oxford: One world.

Eckholm, E.R., G. Foley, G. Barnard and L. Timberlake. 1984. *Firewood: The Energy Crisis that Won't Go Away*. London: Earthscan.

Edelman, M. and W. Wolford. 2017. Introduction: Critical agrarian studies in theory and practice. *Antipode* 49 (4): 959-976.

Eizenga, D. and W. Williams. 2020. Le puzzle formé par le JNIM et les groupes islamistes militants au Sahel. *Bulletin de la Sécurité Africaine* No. 38.

Eklundh, L. and L. Olsson. 2003. Vegetation index trends for the African Sahel 1982-1999. *Geophysical Research Letters* 30: 1430-1433.

Fairhead, J. 2001. International dimensions of conflict over natural and environmental resources. In: Peluso, N.L. and M. Watts (eds). *Violent environments*: pp. 213-236. Ithaca: Cornell University Press.

Fairhead, J. and M. Leach. 2000. Desiccation and domination: science and struggles over environment and development in colonial Guinea. *Journal of African History* 41: 35-54.

Fairhead, J., M. Leach and I. Scoones. 2012. Green grabbing: a new appropriation of nature? *Journal of Peasant Studies* 39 (2): 237-261.

FAO. 2004. Global forest resources assessment update 2005. Terms and definitions. Forest Resources Assessment WP 83.

Federici, S. 2004. *Caliban and the witch. Women, the body and primitive accumulation*. Milton Keynes: Penguin.

Fensholt, R., I. Sandholt, S. Stisen and C. Tucker. 2006. Analysing NDVI for the African continent using the geostationary meteosat second generation SEVIRI sensor. *Remote Sensing of Environment* 101 (2): 212-229.

Filipovich, J. 2001. Destined to Fail: Forced Settlement at the Office du Niger, 1926-1945. *The Journal of African History* 42 (2): 239-260.

Fisher, S. 2015. The emerging geographies of climate justice. *Geographical Journal* 181 (1): 73-82.

Fok, M., 1994. Le développement du coton au Mali par analyse des contradictions. Les acteurs et les crises de 1895 à 1993. Unité de Recherche, *Économie des Filières*, no 8. Montpellier: CIRAD.

Forsyth, T. 2003. *Critical political ecology. The politics of environmental science*. London: Routledge.

Fraser, J. 2018. Amazonian struggles for recognition. *Transactions of the Institute of British Geography* 43: 718-732.

Fraser, N. 1998. Social justice in the age of identity politics: Redistribution, recognition and participation. In: Ray, L. and A. Sayer (eds). *Culture and economy after the cultural turn*. London: Sage.

Fraser, N. 2000. Rethinking Recognition. *New Left Review* 3.3: 107-118.

Fraser, N. 2009. *Scales of Justice: Reimagining Political Space in a Globalizing World*. New York NY: Columbia University Press.

Fraser, N. and Honneth, A. 2003. *Redistribution or Recognition? A Political-Philosophical Exchange*. London: Verso.

Gallais, J. 1975. *Pasteurs et Paysans du Gourma*. Paris : CNRS.

Galy, M. (ed.). 2013. *La guerre au Mali. Comprendre la crise au Sahel et au Sahara. Enjeux et zones d'ombre*. Paris : La Découverte.

Gautier, D., T.A. Benjaminsen, L. Gazull and M. Antona. 2013. Neoliberal forest reform in Mali: Adverse effects of a World Bank "success". *Society and Natural Resources* 26: 702-716.

German, L. 2022. *Power, knowledge, land: Contested ontologies of land and its governance in Africa*. Ann Arbor: University of Michigan Press.

Giannini, A. 2016. 40 years of climate modelling: The causes of late-20th century drought in the Sahel. In: R. Behnke and M. Mortimore (eds). *The end of desertification? Disputing environmental change in the drylands*. Heidelberg: Springer.

Giraud, G. 2013. Cinquante ans de tensions dans la sahélo-saharienne. In: M. Galy (ed). *La guerre au Mali. Comprendre la crise au Sahel et au Sahara, Enjeux et zones d'ombre*. Paris : La Découverte.

Gleditsch, N.P. 1998. Armed conflict and the environment: a critique of the literature. *Journal of Peace Research* 35 (3): 363-380.

Gleditsch, N.P. and R. Nordås. 2014. Conflicting messages? The IPCC on conflict and human security. *Political Geography* 43: 82-90.

Goldman, M.J., P. Nadasdy and M. Turner (eds). 2011. *Knowing nature: conversations at the intersection of political ecology and science studies*. Chicago, IL: University of Chicago Press.

Gonin, P., N. Kotlok and M.-A. Pérouse de Montclos (eds). 2013. *La tragédie malienne*. Paris : Vendémiaire.

Grove, R. 1997. *Ecology, climate and empire: colonialism and global environmental history, 1400-1940*. Cambridge: White Horse Press.

Grubler, A., C. Wilson, N. Bento, B. Boza-Kiss, V. Krey, D. L. McCollum, … J. Cullen. 2018. A low Energy Demand Scenario for Meeting the 1.5°C Target and Sustainable Development Goals Without Negative Emission Technologies. *Nature Energy* 3 (6): 515-527.

Guichard, F., L., Kergoat, F., Hourdin, C., Léauthaud, J., Barbier, E., Mougin, and B. Diarra 2015. Le réchauffement climatique observé depuis 1950 au Sahel. In: *Évolutions récentes et futures du climat en Afrique de l'Ouest : Évidences, incertitudes et perceptions*. In: R. Lalou and B. Sultan (eds). IRD Éditions, 1-13.

Gupta, D.K. 2007. The Naxalites and the Maoist Movement in India: Birth, Demise, and Reincarnation. *Democracy and Security* 3 (2): 157-188.

Hajdu, F., O. Penje and K. Fischer. 2016. Questioning the use of "degradation" in climate mitigation: A case study of a forest carbon CDM project in Uganda. *Land Use Policy* 59: 412-422.

Hajer, M. 1995. *The politics of environmental discourse*. Oxford: Oxford University Press.

Hanne, O. (ed). 2014. *Mali, une paix à gagner. Analyses et témoignages sur l'opération Serval*. Panazol : Lavauzelle.

Hansen, S.J. 2019. *Horn, Sahel and Rift. Fault-lines of the African Jihad*. London: Hurst & Co.

Harmon, S.A. 2014. *Terror and insurgency in the Sahara-Sahel region*. London: Routledge.

Hartmann, B. 2014. Converging on disaster: Climate security and the Malthusian anticipatory regime for Africa. *Geopolitics* 19: 757-783.

Harvey, D. 2003. *The New Imperialism*. Oxford: Oxford University Press.

Hatløy, A. 1999. Methodological Aspects of Assessing Nutrition Security: Examples from Mali. Ph.D. dissertation, Institute for Nutrition Research, University of Oslo.

Herrmann, S.M., A. Anyamba and C.J. Tucker, 2005: Recent trends in vegetation dynamics in the African Sahel and their relationship to climate. *Global Environmental Change* 15 (4): 394-404.

Hickel, J. 2021. The anti-colonial politics of degrowth. *Political Geography* 88 (3): 102404.

Hickel, J. and S. Hallegatte. 2021. Can We Live within Environmental Limits and Still Reduce Poverty? Degrowth or Decoupling? *Development Policy Review* 40 (1).

Hiernaux, P. 1988. Vegetation monitoring by remote sensing: Progress in calibrating a radiometric index and its application in the Gourma, Mali. *ILCA Bulletin* 32: 14-21.

Hiernaux, P., C. Dardel, L. Kergoat and E. Mougin 2016. Desertification, adaptation and resilience in the Sahel: Lessons from long term monitoring of agro-ecosystems. In: R.H. Behnke and M. Mortimore (eds). *The end of desertification? Disputing environmental change in the drylands*. Heidelberg: Springer.

Higazi, A., B. Kendhammer, K. Mohammed, M.A. Pérouse de Montclos, and A. Thurston. 2018. A Response to Jacob Zenn on Boko Haram and al-Qa'ida. *Perspectives on Terrorism* 12 (2): 203-213.

Holder, G. 2023. À propos des Peuls « qui ne sont pas nés » : esclavage, djihad et droits humains au centre du Mali. *Afrique contemporaine* 2023/2 (276), 221-244.

Homer-Dixon, T. 1994. Environmental scarcities and violent conflict. Evidence from cases. *International security* 19 (1): 5-40.

Homer-Dixon, T. 1999. *Environment, scarcity, and violence*. Princeton: Princeton University Press.

Honneth, A. 1995. *The struggle for recognition: The moral grammar of social conflicts*. Cambridge, MA: MIT Press.

Honneth, A. 2001. Recognition or redistribution? Changing perspectives on the moral order of society. *Theory, Culture, and Society* 18 (2-3): 43-55.

Hubert, H. 1917. Progression du desséchement dans les régions sénégalaises. *Annales de géographie* 26 : 376-385.

Hubert, H. 1920. Le desséchement progressif en Afrique Occidentale. *Bulletin du comité d'études historiques et scientifiques de l'Afrique Occidentale Française* : 401-467.

Huckabey, J.M. 2013. Al Qaeda in Mali: The defection connections. *Orbis* 57 (3): 467-484.

Hulme, M. 2014. Reducing the future to climate: a story of climate determinism and reductionism. *Osiris* 26 (1): 245-266.

Hussein, K., J. Sumberg and D. Seddon. 1999. Increasing Violent Conflict between Herders and Farmers in Africa: Claims and Evidence. *Development Policy Review* 17: 397-418.

Hutchinson, C.F., S. M. Herrmann, T. Maukonen and J. Weber. 2005. Introduction: The "Greening" of the Sahel. *Journal of Arid Environments* 63: 535-537.

Ibrahim, Y.I. 2017. The wave of jihadist insurgency in West Africa: Global ideology, local context, individual motivations. West African Papers, No. 07, OECD Publishing, Paris.

Ibrahim, Y.I. and M. Zapata. 2018. Regions at risk. Preventing mass atrocities in Mali. United States Holocaust Memorial Museum & Simon Skjodt Center for the Prevention of Genocide. Washington D.C.

Igoe, J. 2017. *The Nature of Spectacle: On Images, Money, and Conserving Capitalism*. Tucson: University of Arizona Press.

International Crisis Group, 2020. Enrayer la communautarisation de la violence au centre du Mali. Report Number 293.

IPBES. 2019. Global assessment report on biodiversity and ecosystem services of the Intergovernmental Science-Policy Platform on Biodiversity and Ecosystem Services. In: E.S. Brondizio, J. Settele, S. Díaz and H.T. Ngo (eds). IPBES secretariat, Bonn, Germany. 1148 pages.

Jafry, T., M. Mikulewicz and K. Helwig. 2018. Introduction: Justice in the Era of Climate Change. In: *Routledge Handbook of Climate Justice*. London: Routledge.

Johnsen, K.I., T.A. Benjaminsen and I.M.G Eira. 2015. Seeing like the state or like pastoralists? Conflicting narratives on the governance of Sámi reindeer husbandry in Finnmark, Norway. *Norwegian Journal of Geography* 69 (4): 230-241.

Johnson, M. 1976. The economic foundations of an Islamic theocracy: The case of Masina. *Journal of African History*, 17 (4), 481-495.

Jones, S.M. and D.S. Gutzler, 2016. Spatial and Seasonal Variations in Aridification across Southwest North America. *J. Climate* 29 (12): 4637-4649.

Jourde, C., M. Brossier and M.G. Cissé. 2019. Prédation et violence au Mali : élites statuaires peules et logiques de domination dans la région de Mopti. *Canadian Journal of African Studies* 53 (3): 431-445.

Kahl, C.H. 2006. *States, scarcity, and civil strife in the developing world*. Princeton: Princeton University Press.

Kalyvas, S.N. 2003. The ontology of "political violence": Action and identity in civil wars. *Perspectives on Politics* 1 (3): 475-494.

Karumbidza, B. and W. Menne. 2011. CDM Carbon Sink Tree Plantations: A Case Study in Tanzania. The Timberwatch Coalition.

Kashwan, K. and J. Ribot. 2021. Violent Silence: The Erasure of History and Justice in Global Climate Policy. *Current History* 120 (829): 326-331.

Keenan, J. 2013. *The dying Sahara. US imperialism and terror in Africa*. London: Pluto Press.

Kelly, A.B. 2011. Conservation practice as primitive accumulation. *Journal of Peasant Studies* 38 (4): 683-701.

Kipling, R. 1889. Poem: *The Ballad of East and West*. In: Rudyard Kipling's Verse (Definitive ed.). 1940. Garden City, NY: Doubleday. pp. 233-236.

Koubi, V. 2019. Climate change and conflict. *Annual Review of Political Science* 22: 343-60.

Kouyaté, S. 2006. Étude des enjeux nationaux de protection du bassin du fleuve Niger. Report to Groupe de Coordination des Zones Arides (GCOZA), Bamako.

Krätli, S. and N. Schareika, 2010. Living Off Uncertainty: The Intelligent Animal Production of Dryland Pastoralists. *European Journal of Development Research* 22 (5): 605-622.

Kreibiehl, S., T. Yong Jung, S. Battiston, P.E. Carvajal, C. Clapp, D. Dasgupta, N. Dube, R. Jachnik, K. Morita, N. Samargandi and M. Williams. 2022. Investment and finance. In: IPCC, 2022: Climate Change 2022: Mitigation of Climate Change. Contribution of Working Group III to the Sixth Assessment Report of the Intergovernmental Panel on Climate Change [P.R. Shukla, J. Skea, R. Slade, A. Al Khourdajie, R. van Diemen, D. McCollum, M. Pathak, S. Some, P. Vyas, R. Fradera, M. Belkacemi, A. Hasija, G. Lisboa, S. Luz and J. Malley (eds)]. Cambridge University Press, Cambridge, UK and New York, NY, USA.

Lacher, W. 2013. Challenging the myth of the drug-terror nexus in the Sahel. West Africa Commission on Drugs Background Paper No 4. Kofi Annan Foundation.

Lahache, M.J. 1907. Le desséchement de l'Afrique française, est-il démontré ? *Bulletin de la société de géographie et d'études coloniales de Marseille* 31 : 149-185.

Larder, N. 2015. Space for pluralism? Examining the Malibya land grab. *Journal of Peasant Studies* 42 (3-4): 839-858.

Laris, P. 2002. Burning the Seasonal Mosaic: Preventative Burning Strategies in the Wooded Savanna of Southern Mali. *Human Ecology* 30 (2): 155-186.

Lavauden, L. 1927. *Les forêts du Sahara*. Nancy : Berger-Levrault.

Leach, G. and R. Mearns. 1988. *Beyond the Woodfuel Crisis*. London: Earthscan.

Leach, M. and R. Mearns (eds). 1996. *The lie of the land: challenging received wisdom on the African environment*. Oxford: James Currey.

Lecocq, B. 2010. *Disputed desert. Decolonisation, competing nationalisms and Tuareg rebellions in northern Mali*. Leiden: Brill.

Lecocq, B., G. Mann, B. Whitehouse, D. Badi, L. Pelckmans, N. Belalimat, B. Hall and W. Lacher. 2013. One hippopotamus and eight blind analysts: A multivocal analysis of the 2012 political crisis in the divided Republic of Mali. *Review of African Political Economy* 40 (137): 343-357.

Lefebvre, C. 2021. *Des Pays Au Crépuscule*. Paris : Fayard.

Lentz, C. 2006. Land rights and the politics of belonging in Africa: an introduction in Kuba, R. and C. Lentz (eds). *Land and the politics of belonging in West Africa*. Leiden: Brill, 1-34.

Levien, M. 2022. Regimes of dispossession. In: *The Routledge Handbook of Property, Law and Society*, Graham, N., M. Davies and L. Godden (eds). London: Routledge.

Li, T.M. 2007. *The will to improve*. Durham, N.C.: Duke University Press.

Li, T.M. 2010. To make live or die? Rural dispossession and the protection of surplus populations. *Antipode* 41 (1): 66-93.

Lode, K. 1997. The Peace Process in Mali: Oiling the Works? *Security Dialogue* 28 (4): 409-424.

Lounnas, D. 2014. Confronting Al-Qa'ida in the Islamic Maghreb in the Sahel: Algeria and the Malian crisis. *The Journal of North African Studies* 19 (5): 810-827.

Lund, C. 2014. Of What is This a Case?: Analytical Movements in Qualitative Social Science Research. *Human Organization* 73 (3): 224-231.

Lyons, K. and P. Westoby. 2014. Carbon colonialism and the new land grab: Plantation forestry in Uganda and its livelihood impacts. *Journal of Rural Studies* 36: 13-21.

Mach, K.J., C.M. Kraan, W.N. Adger, H. Buhaug, M. Burke, J.D. Fearon, C.B. Field, C.S. Hendrix, J.-F. Maystadt, J. O'Loughlin, P. Roessler, J. Scheffran, K.A. Schultz and N. Von Uexkull. 2019. Climate as a risk for armed conflict. *Nature* 571: 193-197.

Macia, E., J. Allouche, M. Bassimbé Sagna, A. Diallo, G. Boëtsch, A. Guissé, P. Sarr, J.-D. Cesaro and P. Duboz. 2023. The Great Green Wall in Senegal: Questioning the Idea of Acceleration through the Conflicting Temporalities of Politics and Nature among the Sahelian Populations. *Ecology and Society* 28 (1).

Magrin, G. and R. Mugelé. 2020. La boucle de l'Anthropocène au Sahel : nature et sociétés face aux grands projets environnementaux (Grande Muraille Verte, Sauvegarde du lac Tchad). *Belgeo* 3/20.

Mangin, M. 1924. Une mission forestière en Afrique Occidentale Française. *La géographie* 42 (4) : 449-483, 629-654.

Marin, A., E. Sjaastad, T.A. Benjaminsen, M.N. Sara and J. Borgenvik. 2020. Productivity beyond density: a critique of management models for reindeer pastoralism in Norway. *Pastoralism* volume 10, Article number: 9 (2020).

Marret, J.L. 2008. Al-Qaeda in Islamic Maghreb: A "glocal" organization. *Studies in Conflict & Terrorism* 31 (6): 541-552.

Marx, K. 1976. *Capital, Volume 1.* London: Penguin Classics.

Mbanze, A.A., S. Wang, J. Mudekwe, C. Ribas Dias and A. Sitoe. 2022. The Rise and Fall of Plantation Forestry in Northern Mozambique. *Trees, Forests and People* 10: 100343.

McDonald, M. 2021. *Ecological Security: Climate Change and the Construction of Security.* Cambridge University Press.

McElwee, P. 2023. Advocating afforestation, betting on BECCS: land-based negative emissions technologies (NETs) and agrarian livelihoods in the global South. *Journal of Peasant Studies* 50 (1): 185-214.

McGahey, D. Davies, J. Hagelberg, N. and R. Ouedraogo. 2014. *Pastoralism and the Green Economy—a natural nexus?* Nairobi: IUCN and UNEP.

Mehta, L. (ed). 2010. *The Limits to Scarcity: Contesting the Politics of Allocation*. London: Earthscan.

Mingay, G.E. 1997. *Parliamentary Enclosure in England*. London: Longman.

Mirzabaev, A., L.C. Stringer, T.A. Benjaminsen, P. Gonzalez, R. Harris, M. Jafari, N. Stevens, C.M. Tirado and S. Zakieldeen. 2022. Cross-Chapter Paper 3: Deserts, Semiarid Areas and Desertification. In: *Climate Change 2022: Impacts, Adaptation and Vulnerability*. Contribution of Working Group II to the Sixth Assessment Report of the Intergovernmental Panel on Climate Change [H.-O. Pörtner, D.C. Roberts, M. Tignor, E.S. Poloczanska, K. Mintenbeck, A. Alegría, M. Craig, S. Langsdorf, S. Löschke, V. Möller, and A. Okem, B. Rama (eds)]. Cambridge University Press, Cambridge, UK and New York, NY, USA, pp. 2195-2231.

Moorhead, R.M. 1991. Structural chaos: community and state management of common property in Mali. PhD dissertation, University of Sussex.

Mugelé, R. 2018. La Grande muraille verte : géographie d'une utopie environnementale au Sahel. PhD dissertation, Université Paris 1 Panthéon-Sorbonne.

National Geographic. 2019. 4 July. <https://www.nationalgeographic.com/environment/ article/how-to-erase-100-years-carbon-emissions-plant-trees>.

Neumann, R.P. 1998. *Imposing Wilderness. Struggles over Livelihood and Nature Preservation in Africa*. Berkeley: University of California Press.

Newell, P., S. Srivastava, L.O. Naess, G.A. Torres Contreras and R. Price. 2021. Toward transformative climate justice: An emerging research agenda. *Wiley Interdisciplinary Reviews: Climate Change* 12 (6): e733.

Nijenhuis, K. 2009. Reconsidering conflicts over land in the Sahel as conflicts over power. In: Böcker, A., W. Van Rossum and H. Weyers (eds). *Legal Anthropology from the Low Countries*. Amsterdam: Reed Business. 69-101.

Nordås, R. and N.P. Gleditsch. 2007. Climate change and conflict. *Political Geography* 26: 627-638.

Nwankwo, C.F. 2023. The Moral Economy of the Agatu "Massacre": Reterritorializing Farmer-Herder Relations. *Society* 60: 359-371.

Oakland Institute. 2011. Understanding Land Investment Deals in Africa. Country Report: Mali.

OECD. 2012. Green growth and developing countries: A summary for policymakers. Paris: OECD.

Olivier de Sardan, J.P. 2021a. *La revanche des contextes : Des mésaventures de l'ingénierie sociales en Afrique et au-delà*. Paris : Karthala.

Olivier de Sardan, J.P. 2021b. The Construction of States and Societies in the Sahel. *The Oxford Handbook of the African Sahel*. In: L.A. Villalón (ed). Oxford University Press.

Olivier de Sardan, J.P. 2024. Au Sahel, un décolonialisme militaire. AOC, 29 février 2024, <https://aoc.media/analyse/2024/02/28/au-sahel-un-decolonialisme-militaire/#_ftn11>.

Olsson, L., L. Eklundh and J. Ardö. 2005. A recent greening of the Sahel-trends, patterns and potential causes. *Journal of Arid Environments* 63: 556-566.

O'Neill, B., M. van Aalst, Z. Zaiton Ibrahim, L. Berrang Ford, S. Bhadwal, H. Buhaug, D. Diaz, K. Frieler, M. Garschagen, A. Magnan, G. Midgley, A. Mirzabaev, A. Thomas and R. Warren, 2022: Key Risks Across Sectors and Regions. In: *Climate Change 2022: Impacts, Adaptation and Vulnerability*. Contribution of Working Group II to the Sixth Assessment Report of the Intergovernmental Panel on Climate Change [H.-O. Pörtner, D.C. Roberts, M. Tignor, E.S. Poloczanska, K. Mintenbeck, A. Alegría, M. Craig, S. Langsdorf, S. Löschke, V. Möller, A. Okem, and B. Rama (eds)]. Cambridge University Press, Cambridge, UK and New York, NY, USA, pp. 2411-2538.

Osland, K.M. and H.U. Erstad. 2020. The Fragility Dilemma and Divergent Security Complexes in the Sahel. *The International Spectator* 55 (4).

Panthou, G., T. Vischel and T. Lebel. 2014. Recent Trends in the Regime of Extreme Rainfall in the Central Sahel. *International Journal of Climatology* 34 (15): 3998-4006.

Parashar, S. 2019. Colonial legacies, armed revolts and state violence: the Maoist movement in India. *Third World Quarterly* 40 (1): 337-354.

Parenti, C. 2011. *Tropic of chaos. Climate change and the new geography of violence*. New York: Nation Books.

Parr, C.L., M. Te Beest and N. Stevens. 2024. Conflation of Reforestation with Restoration Is Widespread. *Science* 383 (6684): 698-701.

Pedersen, J. and T.A. Benjaminsen. 2008. One leg or two? Food security and pastoralism in the northern Sahel. *Human Ecology* 36 (1): 43-57.

Peet, R. and M. Watts. (eds). 1996. *Liberation Ecologies. Environment, Development, Social Movements*. London: Routledge.

Peluso, N.L. and M. Watts (eds). 2001. *Violent environments*. Ithaca & London: Cornell University Press.

Pérouse de Montclos, M.A. 2018. *L'Afrique, nouvelle frontière du djihad ?* Paris : La Découverte.

Petit, V. 1997. Société d'origine et logiques migratoires. Les Dogons de Sangha (Mali). *Population* 52 (3) : 515-543.

Petit, V. 1998. *Les migrations dogon*. Paris : L'Harmattan.

Peyre de Fabrègues, B. 1984. Quel avenir pour l'élevage au Sahel ? *Rev. Elev. Méd. Vét. Pays Trop.* 37 (4) : 500-508.

Ping, J. 2014. The Crisis in Mali. *Harvard International Review*. Winter 2014.

Ploeg, J.D. van der. 2013. *Peasants and the art of farming: A Chayanovian manifesto*. Bourton on Dunsmore: Fernwood Publishing.

Point Carbon and Perspectives. 2008. CDM Due Diligence. Idete Reforestation Project in Tanzania. Prepared for the Ministry of Finance, Norway. Oslo.

Poulton, R.E. and I. Ag Youssouf 1998. *A peace of Timbuktu. Democratic governance, development and African peacemaking*. New York & Genève: UNIDIR.

Pulido, L. and J. de Lara. 2018. Reimaging "justice" in environmental justice: Radical ecologies, decolonial thought, and the Black Radical Tradition. *Environment and Planning E. Nature and Space* 1 (1-2): 76-98.

Ragin, C. and H. Becker (eds). 1992. *What is a Case? Exploring the Foundations of Social Inquiry*. Cambridge: Cambridge University Press.

Ranger, T.O. 1983. The invention of tradition in colonial Africa. In: E. Hobsbawm and T.O. Ranger (eds). *The invention of tradition*. Cambridge: Cambridge University Press.

Refseth, T. 2010. Norwegian carbon plantations in Tanzania: Towards sustainable development? Master thesis, Norwegian University of Life Sciences.

Reij, C., G. Tappan and B. Belemvire. 2005. Changing land management practices and vegetation in the Central Plateau of Burkina Faso (1968-2002). *Journal of Arid Environments* 63 (3): 642-659.

Ribot, J.C. 1995. Review of Policies in the Traditional Energy Sector. Forestry Sector Policy. Washington DC: World Bank.

Ribot, J.C. 2010. Vulnerability does not just come from the sky: Framing grounded pro-poor cross-scale climate policy. *Social Dimensions of Climate Change: Equity and Vulnerability in a Warming World. New Frontiers of Social Policy, Washington, DC: The World Bank.*

Richards, P. 2004. Controversy over recent West African wars: An agrarian question? Occasional Paper, Centre for African Studies, University of Copenhagen (January 2004).

Richards, P. (ed). 2005. *No peace, no war. An anthropology of contemporary armed conflicts*. Oxford: James Currey.

Robbins, P. 2012. *Political Ecology: A Critical Introduction*. Chichester: Wiley-Blackwell.

Roberts, R. 1996. *Two Worlds of Cotton. Colonialism and the Regional Economy in the French Sudan, 1800-1946*. Stanford: Stanford University Press.

Rochegude, A. 1977, Tendances récentes du droit de la terre en République du Mali, *Revue International de Droit Comparé* 29 (1) : 721-746.

Roe, E. 1991. Development narratives, or making the best of blueprint development. *World Development* 19 (4): 287-300.

Roe, E. 1999. *Except-Africa. Remaking development, rethinking power.* New Brunswick: Transaction Publishers.

Rondeau, Ch. 1980. La société sénoufo du Mali Sud (1870-1950). *De la « tradition » à la dépendance*. Doctoral dissertation. Université de Paris VII, Département d'Histoire.

Said, E. 1978. *Orientalism: Western Conceptions of the Orient*. London: Penguin.

Sandford, S. 1983. *Management of pastoral development in the third world*. New York: John Wiley.

Sangaré, B. 2018. Le centre du Mali : Vers une question peule ? In: M. De Bruijn (ed). *Biographies de la Radicalisation : Des messages cachés du changement social*. Bamenda, Cameroon : Langaa RPCIG. 203-224.

Sanogo, Y. 1990. Zooforé: Friend or enemy of the forest? The viewpoint of the son of a Malian peasant. Issues Paper No 15, International Institute for Environment and Development.

Schlosberg, D. 2003. The Justice of Environmental Justice: Reconciling Equity, Recognition, and Participation in a Political Movement. In: A. Light and A. de-Shalit (eds). *Moral and Political Reasoning in Environmental Practice*, Cambridge MA: MIT Press.

Schlosberg, D. and L.B. Collins. 2014. From environmental to climate justice: climate change and the discourse of environmental justice. *WIREs Climate Change* 5: 359-374.

Scientific American. 2019. Massive Forest Restoration Could Greatly Slow Global Warming. 4th July. <https://www.scientificamerican.com/article/massive-forest-restoration-could-greatly-slow-global-warming>.

Scoones, I. 2021. Pastoralists and peasants: Perspectives on agrarian change. *Journal of Peasant Studies* 48 (1): 1-47.

Scoones, I., M. Leach and P. Newell. 2015. *The politics of green transformations*. London: Routledge.

Scott, J.C. 1976. *The moral economy of the peasants: Rebellion and subsistence in Southeast Asia*. New Haven: Yale University Press.

Scott, J.C. 1985. *The weapons of the weak: Everyday forms of peasant resistance*. New Haven: Yale University Press.

Scott, J.C. 1990. *Domination and the arts of resistance: Hidden transcripts*. New Haven: Yale University Press.

Scott, J.C. 1998. *Seeing like a state: How certain schemes to improve the human condition have failed*. New Haven: Yale University Press.

Sedgwick, M. 2015. Jihadism, Narrow and Wide: The Dangers of Loose Use of an Important Term. *Perspectives on Terrorism* 9 (2): 34-41.

Selby, J. and C. Hoffmann. 2014. Rethinking climate change, conflict and security. *Geopolitics* 19: 747-756.

Selby, J., G. Daoust and C. Hoffmann. 2022. *Divided Environments: An International Political Ecology of Climate Change, Water and Security.* Cambridge: Cambridge University Press.

Shanmugaratnam, N., T. Vedeld, A. Mossige and M. Bovin. 1991. Resource management and pastoral institution building in the West African Sahel. World Bank Discussion Paper.

Shaw, S. 2013. Fallout in the Sahel: The geographic spread of conflict from Libya to Mali. *Canadian Foreign Policy Journal* 19 (2): 199-210.

Sinclair A.R.E. and J.M. Fryxell. 1985. The Sahel of Africa: Ecology of a disaster. *Canadian Journal of Zoology* 63 (5): 987-994.

Skelton, A. *et al.* 2020. 10 myths about net zero targets and carbon offsetting, busted. *Climate Home News*, <https://www.climatechangenews.com/2020/12/11/10-myths-net-zero-targets-carbon-offsetting-busted/>.

Smolski, A.R. and M. Lorenzen, 2021. Introduction: Violence, Capital Accumulation, and Resistance in Contemporary Latin America. *Latin American Perspectives* 48 (1).

Soares, Benjamin. 2013. Islam in Mali since the 2012 coup. Hot Spots, *Fieldsights*, June 10. [Accessed 16.4.2024]. <https://culanth.org/fieldsights/islam-in-mali-since-the-2012-coup>.

Solomon, H. 2013. Mali: West Africa's Afghanistan. *The RUSI Journal* 158 (1): 12-19.

Spear, T. 2003. Neo-traditionalism and the limits of invention in British colonial Africa. *Journal of African History* 44: 3-27.

Stebbing, E.P. 1937. The threat of the Sahara. *Journal of the Royal African Society* 37: 3-35.

Stott, P. and S. Sullivan (eds). 2000. *Political ecology: Science, myth and power.* London: Arnold.

Sullivan, S and R.F. Rohde 2002. On non-equilibrium in arid and semi-arid grazing systems. *Journal of Biogeography* 29: 1-26.

Sûret-Canale, J. 1962. *French colonialism in Tropical Africa, 1900-1945.* London: C. Hurst & Co.

Svarstad, H. and T.A. Benjaminsen. 2017. Nothing succeeds like success narratives: a case of conservation and development in the time of REDD. *Journal of Eastern African Studies* 11 (3): 482-505.

Svarstad, H. and T.A. Benjaminsen. 2020. Reading radical environmental justice through a political ecology lens. *Geoforum* 108: 1-11.

Svarstad, H. 2009. Narrativitetens Sosiologi. *Sosiologi i dag* 39 (4): 29-56.

Swift, J. 1996. Desertification: narratives, winners and losers. In: *The Lie of the Land: Challenging Received Wisdom on the African Environment.* In: M. Leach and R. Mearns (eds). London: James Currey, 73-90.

Taussig, M. 1987. *Shamanism, Colonialism, and the Wild Man. A Study in Terror and Healing.* Chicago: University of Chicago Press.

Thébaud, B and S. Batterbury. 2001. Sahel Pastoralists: Opportunism, Struggle, Conflict and Negotiation. A Case Study from Eastern Niger. *Global Environmental Change* 11: 69-78.

The Guardian. 2019. July 4. <https://www.theguardian.com/environment/2019/jul/04/planting-billions-trees-best-tackle-climate-crisis-scientists-canopy-emission>.

Theisen, O.M., N.P. Gleditsch and H. Buhaug. 2013. Is climate change a driver of armed conflict? *Climatic Change* 117 (3): 613-625.

Thiam, A. 2017. Centre du Mali : Enjeux et dangers d'une crise négligée. Centre pour le dialogue humanitaire, Institut du Macina. Bamako, March 2017.

Thompson, E.P. 1971. The moral economy of the English crowd in the eighteenth century. *Past & Present* 50: 76-136.

Thompson, E.P. 2015. *Customs in Common: Studies in Traditional Popular Culture.* New York: New Press.

Thurston, A. 2017. *Boko Haram: The history of an African jihadist movement.* Princeton: Princeton University Press.

Toulmin, C. 2020. *Land, investment and migration. Thirty-five years of village life in Mali.* Oxford: Oxford University Press.

Touré, B. 2022. *Aménagement agricole et pastoralisme en zone office du Niger au Mali, une étude anthropologique des dynamiques foncières et des conflits liés aux ressources naturelles.* Bamako : La Sahélienne.

Tucker, C.J., H.E. Dregne and W.W. Newcomb. 1991. Expansion and Contraction of the Sahara Desert from 1980 to 1990. *Science* 253: 299-301.

Turner, D.M, D.K. Davis, E.T. Yeh, P. Hiernaux, E.R. Loizeaux, E.M. Fornof, A.M. Rice and A.K. Suiter. 2023. Great Green Walls: Hype, Myth, and Science. *Annual Review of Environment and Resources* 48: 263-287.

Turner, M. 1992. Living on the edge: Fulbe herding practices and the relationship between economy and ecology in the inland Niger Delta of Mali. PhD dissertation, University of California, Berkeley.

Turner, M. 1993. Overstocking the range: A critical analysis of the environmental science of Sahelian pastoralism. *Economic Geography* 69 (4): 402-421.

Turner, M. 2004. Political ecology and the moral dimensions of "resource conflict": The case of farmer-herder conflicts in the Sahel. *Political Geography* 23: 863-889.

Turner, M. 2006. The micropolitics of common property management on the Maasina floodplains of central Mali. *Canadian Journal of African Studies* 40 (1): 41-75.

Turner, M.D., T. Carney, L. Lawler, J. Reynolds, L. Kelly, M.S. Teague and L. Brottem. 2021. Environmental rehabilitation and the vulnerability of the poor: The case of the Great Green Wall. *Land Use Policy* 111: 105750.

UNCCD. 2020. The Great Green Wall Implementation Status and Way Ahead to 2030. Bonn: United Nations Convention to Combat Desertification (accessed 15 October 2021).

UNEP. 2011. Towards a Green economy: Pathways to sustainable development and poverty eradication. Nairobi: UNEP.

URT (United Republic of Tanzania). 1999. The village land Act #5. Dar es Salaam: URT.

Veldman, J.W., J.C. Aleman, S.T. Alvarado, T.M. Anderson, S. Archibald, W.J. Bond, and T.W. Boutton *et al.* 2019. Comment on "The Global Tree Restoration Potential." *Science* 366 (6463).

Voice of America. 2019. 14 July. <https://learningenglish.voanews.com/a/how-to-fight-climate-change-plant-a-trillion-trees/4993147.htm>.

Walker, P. 2006. Political ecology: where is the policy? *Progress in Human Geography* 30 (3): 382-395.

Walle, van de N. 2001. *African economies and the politics of permanent crisis, 1979-1999*. Cambridge: Cambridge University Press.

Walther, O. and D. Christopoulos. 2015. Islamic terrorism and the Malian rebellion. *Terrorism and Political Violence* 27 (3): 497-519.

Watts, M. 1983. *Silent Violence: Food, Famine and Peasantry in Northern Nigeria*. Berkeley: University of California Press.

Welzer, H. 2012. *Climate wars. Why people will be killed in the 21st century.* Cambridge: Polity.

Wilkens, J. and A.R.C. Datchoua-Tirvauday. 2022. *International Affairs* 98 (1): 125-143.

Wing, S.D. 2016. French Intervention in Mali: Strategic Alliances, Long-Term Regional Presence? *Small Wars & Insurgencies* 27 (1): 59-80.

Wolf, E. 1969. *Peasant wars in the 20th century.* Chapel Hill: University of Oklahoma Press.

World Bank. 2012. Inclusive Green growth: The pathway to sustainable development. Washington, D.C. World Bank.

World Bank. 2023. Document d'évaluation du projet sur un prêt d'un montant de 138 100 000 millions d'euros à la république du Mali pour un projet de restauration des terres dégradées, Mali. N° de rapport : PAD4822. Washington D.C. World Bank.

World Commission on Environment and Development (WCED). 1987. *Our common future.* Oxford: Oxford University Press.

Young, I. 1990. *Justice and the Politics of Difference.* Princeton, NJ: Princeton University Press.

Zenn, J. 2017. Demystifying al-Qaida in Nigeria: Cases from Boko Haram's Founding, Launch of Jihad and Suicide Bombings. *Perspectives on Terrorism* 11 (6): 174-190.

Zounmenou, D. 2013. The National Movement for the Liberation of Azawad Factor in the Mali Crisis. *African Security Review* 22 (3): 167-174.

Index

ÉcoPolis

Collection fondée par Marc Mormont

Depuis sa création en 2002, la collection EcoPolis analyse les changements qui se produisent simultanément dans la société et dans l'environnement, quand celui-ci fait l'objet d'une préoccupation majeure. Au fil des volumes, la collection suit l'évolution des problématiques environnementales, en interrogeant la manière dont ces dernières sont devenues consubstantielles des questions économiques, sociales et politiques.

L'environnement a longtemps été défini comme extérieur à la société, comme un monde où la nature et les écosystèmes constituent le soubassement matériel de la vie sociale. Les politiques d'environnement avaient alors pour but de « préserver », « protéger », voire « gérer » ce qui était pensé comme une sorte d'infrastructure de nos sociétés. Après quelques décennies de politiques d'environnement, la nature et l'environnement sont devenus des objets de l'action publique et il apparaît que c'est dans un même mouvement que chaque société modèle son environnement et se construit elle-même. Cette dialectique prend une importance accrue quand les sociétés se trouvent confrontées, du fait de la montée en puissance des changements globaux, aux transformations irréversibles de l'environnement (changement climatique, perte de biodiversité, etc.). C'est le rapport entre la dialectique sociétés / environnement et ces transformations que la collection entend explorer.

Directeurs de collection :
Xavier Arnauld de Sartre et Olivier Petit

Comité scientifique

Titres parus

N° 43 – Tor A. Benjaminsen, *Sécurité climatique et justice climatique. Reconnaissance du contexte sahélien*, 2026, 204 P.

N° 42 – Laurence Rocher, *Circularités urbaines. Déchets, énergie, CO2 : enquête sur le bouclage des flux résiduels*, 2025, 250 P.

N° 41 – Thomas Debril, *Une nature comptée. Quantification et régulation de l'environnement en France*, 2023, 300 P.

N° 40 – Philippe Hamman, *Sustainable Urban Mobilities. French Fieldworks in European Perspective*, 2023, 258 P.

N° 39 – Elodie Charrière, *Les immersions de munitions dans les lacs suisses et français (1919-aujourd'hui), de l'oubli à un statu quo évolutif*, 2023, 350 P.

N° 38 – Sébastien Chailleux, Sylvain Le Berre, Yann Gunzburger (coord.), *Ressources minérales et transitions. Trajectoires politiques du sous-sol français au 21ème siècle*, 2022, 350 P.

N° 37 – Claire Lamine, Danièle Magda, Marta Rivera-Ferre, Terry Marsden (dir.), *Agroecological transitions, between determinist and open-ended visions*, 2021, 318 P.

N° 36 – Victor Bailly, Rémi Barbier, François-Joseph Daniel, *La prévention des déchets. Innovations sociales, action publique et transition sociotechnique*, 2022, 348 P.

N° 35 – Rhoda Fofack-Garcia, *La société des eaux cachées du Saïss. Ethnographie d'un basculement hydro-technique*, 2021, 252 P.

N° 34 – Valérie Deldrève, Jacqueline Candau, Camille Noûs (dir.), *Effort environnemental et équité. Les politiques publiques de l'eau et de la biodiversité en France*, 2021, 534 p.

N° 33 – Christine Bouisset et Sandrine Vaucelle (dir.), *Transition et reconfigurations des spatialités*, 2020, 348 p.

N° 32 – Jochen Sohnle (ed./dir.), *Environmental Constitutionalism: What Impact on Legal Systems?*, 2020, 244 p.

N° 31 – Cécilia Claeys (ed.), *Mosquitoes management. Between environmental and health issues*, 2019, 208 p.

N° 30 – Sylvain Guyot, *La nature, l'autre frontière. Fronts écologiques au Sud (Afrique du Sud, Argentine, Chili)*, 2017, 310 p.

N° 29 – Divya Leducq, Helga-Jane Scarwell et Patrizia Ingallina (dir.), *Modèles de la ville durable en Asie. Utopies, circulation des pratiques, gouvernance*, 2017, 424 p.

N° 28 – Ludovic Ginelli, *Jeux de nature, natures en jeu. Des loisirs aux prises avec l'écologisation des sociétés*, 2016, 240 pages.

N° 27 – Xavier Arnauld de Sartre, *Agriculture et changements globaux. Expertises globales et situations locales*, 2016, 204 pages.

N° 26 – Bernard Hubert et Nicole Mathieu (dir.), *Interdisciplinarités entre Natures et Sociétés. Colloque de Cerisy*, 2016, 396 pages.

N° 25 – Arnaud Buchs, *La pénurie en eau est-elle inéluctable ? Une approche institutionnaliste de l'évolution du mode d'usage de l'eau en Espagne et au Maroc*, 2016, 331 pages.

N° 24 – Valérie Deldrève, *Pour une sociologie des inégalités environnementales*, 2015, 243 pages.

N° 23 –Zhour Bouzidi, *Se coordonner dans un périmètre irrigué public au Maroc. Contradictio in terminis ?*, 2015, 373 pages.

N° 22 – Laura Silva-Castaúeda, Étienne Verhaegen, Sophie Charlier, An Ansoms (dir.), *Au-delà de l'accaparement. Ruptures et continuités dans l'accès aux ressources naturelles*, 2014, 244 p.

N° 21 – Xavier Arnauld de Sartre, Monica Castro, Simon Dufour, Johan Oszwald (dir.), *Political ecology des services écosystémiques*, 2014, 288 pages.

N° 20 – Céline Granjou, *Micropolitiques de la biodiversité. Experts et professionnels de la nature*, 2013, 202 pages.

N° 19 – Corinne Larrue (dir.), *Le régime institutionnel d'une nouvelle ruralité. Analyses à partir des cas de la France, des Pays-Bas et de la Suisse*, 2013, 214 pages.

N° 18 – François Bertrand et Laurence Rocher (dir.), *Les territoires face aux changements climatiques. Une première génération d'initiatives locales*, 2013, 269 pages.

N° 17 – Véronique Ancey, Isabelle Avelange, Benoît Dedieu (dir.), *Agir en situation d'incertitude en agriculture. Regards pluridisciplinaires au Nord et au Sud*, 2013, 419 pages.

N° 16 – Cécilia Claeys and Marie Jacqué (eds.), *Environmental Democracy Facing Uncertainty*, 2012, 185 pages.

N° 15 – Josiane Stoessel-Ritz, Maurice Blanc, Nicole Mathieu (dir.), *Développement durable, communautés et sociétés. Dynamiques socioanthropologiques*, 2012, 230 pages.

N° 14 – Philippe Hamman, Christine Blanc et Cécile Frank, *La négociation dans les projets urbains de tramway. Éléments pour une sociologie de la « ville durable »*, 2011, 246 pages.

N° 13 – Denise Van Dam, Michel Streith et Jean Nizet (dir.), *L'agriculture bio en devenir. Le cas alsacien*, 2011, 140 pages.

N° 12 – Philippe Hamman et Jean-Yves Causer (dir.), *Ville, environnement et transactions démocratiques. Hommage au Professeur Maurice Blanc*, 2011, 291 pages.

N° 11 – Géraldine Froger (dir.), *Tourisme durable dans les Suds ?*, 2010, 316 pages.

N° 10 – Muriel Maillefert, Olivier Petit et Sandrine Rousseau (dir.), *Ressources, patrimoine, territoires et développement durable*, 2010, 283 pages.

N° 9 – Philippe Hamman et Christine Blanc, *Sociologie du développement durable urbain. Projets et stratégies métropolitaines françaises*, 2009, 260 pages.

N° 8 – François Mélard (dir.), *Écologisation. Objets et concepts intermédiaires*, 2008, 214 pages.

N° 7 – David Aubin, *L'eau en partage. L'activation des règles dans les rivalités d'usages en Belgique et en Suisse*, 2007, 247 pages.

N° 6 – Géraldine Froger (dir.), *La mondialisation contre le développement durable ?*, 2006, 315 pages.

N° 5 – Laurent Mermet (dir.), *Étudier des écologies futures. Un chantier ouvert pour les recherches prospectives environnementales*, 2005, 411 pages.

N° 4 – Jean-Baptiste Narcy, *Pour une gestion spatiale de l'eau. Comment sortir du tuyau ?*, 2004, 342 pages.

N° 3 – Pierre Stassart, *Produits paysans : entre qualification et identité*, 2003, 424 pages.

N° 2 – Cécilia Claeys-Mekdade, *Le lien politique à l'épreuve de l'environnement. Expériences camarguaises*, 2003, 245 pages.

N° 1 – Edwin Zaccaï, L*e développement durable. Dynamique et constitution d'un projet*, 2002 (2e tirage 2003), 358 pages.

www.peterlang.com